Jürgen K. Zangenberg und Jens Schröter (Hrsg.)

BAUERN, FISCHER und PROPHETEN
Galiläa zur Zeit Jesu

Zaberns Bildbände
zur Archäologie

Sonderbände der
ANTIKEN WELT

Jürgen K. Zangenberg und Jens Schröter (Hrsg.)

BAUERN, FISCHER und PROPHETEN

Galiläa zur Zeit Jesu

144 Seiten mit 154 Farb- und
6 Schwarzweißabbildungen

Umschlag vorne:
Blick auf den See Gennesaret (Foto: D. Shay).

Mosaik in Tabgha (Foto: J. Emery).

Seiten 2/3:
Der See Gennesaret bei Kapernaum
(Foto: B. Werner).

Seite 5:
Bauschmuck in Kapernaum (Foto: zeevveez).

Seite 6:
Blick auf den See Gennesaret
(Foto: J. K. Zangenberg).

Umschlag hinten:
Tabernae in Gadara (Foto: A. Lichtenberger).

Tempel in Jerusalem, Modell im Israel Museum
Jerusalem (Foto: J. K. Zangenberg).

Luftaufname der Synagoge in Horvat Kur
(Foto: Kinneret Regional Project).

Umschlagmotiv der Lizenzausgabe für die WBG:
Blick südöstlich vom Keren Naphtali
(Foto: © Hanan Isachar/Godong/Corbis).

Umschlaggestaltung der Lizenzausgabe für die WBG:
Peter Lohse, Heppenheim.

Gestaltung:
Gerald Habel, scancomp GmbH, Wiesbaden

Herstellungsbetreuung:
Ilka Schmidt, Verlag Philipp von Zabern, Darmstadt

Redaktion:
Holger Kieburg,
Verlag Philipp von Zabern, Darmstadt

Repros:
scancomp GmbH, Wiesbaden

Druck:
Firmengruppe Appl, aprinta druck GmbH, Wemding

Weitere Publikationen finden Sie unter:
www.zabern.de

Bibliographische Information der Deutschen Nationalbibliothek

Die Deutsche Nationalbibliothek verzeichnet diese Publikation in
der Deutschen Nationalbibliographie; detaillierte bibliographische
Daten sind im Internet über <http://dnb.d-nb.de> abrufbar.

© 2012 Verlag Philipp von Zabern, Darmstadt/Mainz
ISBN 978-3-8053-4543-9

Alle Rechte, insbesondere das der Übersetzung in fremde Sprachen, vorbehalten. Ohne ausdrückliche Genehmigung des Verlages ist es auch nicht gestattet, dieses Buch oder Teile daraus auf fotomechanischem Wege (Fotokopie, Mikrokopie) zu vervielfältigen oder unter Verwendung elektronischer Systeme zu verarbeiten und zu verbreiten.
Printed on fade resistant and archival quality paper
(PH 7 neutral) · tcf

Lizenzausgabe für die WBG (Wissenschaftliche Buchgesellschaft),
Darmstadt
ISBN 978-3-534-25939-7
www.wbg-wissenverbindet.de

Inhalt

Einleitung   7
Jürgen K. Zangenberg / Jens Schröter

**Zwischen Meer und See –
Geschichte und Kultur Galiläas
von Simon Makkabäus bis zu
Flavius Josephus**   13
Mordechai Aviam

**Jesus der Galiläer –
Die Wechselwirkung zwischen
galiläischer Umwelt und Botschaft
in der Verkündigung des Nazareners**   41
Jens Schröter

**Versteckt in Höhlen und Schluchten –
Rebellen und Zeloten am
See Gennesaret**   65
Yinon Shivti'el

**Neue mexikanische Ausgrabungen
in Magdala – Das «Magdala Archaeological Project»**   85
Marcela Zapata Meza

**Gadara – Stadt der Tempel und
Philosophen**   101
Achim Lichtenberger / Rubina Raja

**Hippos-Sussita – Eine Stadt der
Dekapolis am See Gennesaret
in der hellenistischen und römischen
Periode**   113
Arthur Segal

**Ein Dorf auf dem Hügel –
Neue Entdeckungen des Kinneret
Regional Project in der Synagoge
von Horvat Kur**   131
Jürgen K. Zangenberg

See Gennesaret
(Foto: J. K. Zangenberg).

Einleitung

Galiläa zerfällt in zwei Teile, das sogenannte obere und untere Galiläa (...). Das ganze Land wurde von seinen Bewohnern ausnahmslos angebaut, und kein Teil liegt brach, aber auch die Städte sind zahlreich, und die Bevölkerung in den Dörfern ist wegen des fruchtbaren Bodens überall beträchtlich, so daß auch das kleinste Dorf mindestens 15 000 Einwohner hatte. (Flavius Josephus, *Bellum Iudaicum* 3, 35-43; übers. O. Michel / O. Bauernfeind)

In (einem) irdischen Paradies, welches die großen Umwälzungen der Geschichte bis dahin wenig berührt hatten, lebte eine mit dem Lande selbst vollkommen übereinstimmende Bevölkerung, tätig, ehrlich, voll heiterer und zärtlicher Empfindung für das Leben. Der See von Tiberias ist eines der fischreichsten Gewässer auf der Welt, sehr ergiebige Fanggebiete lagen besonders in Bethsais und Kapernaum und erzeugten eine gewisse Wohlhabenheit. Diese Fischerfamilien bildeten eine sanfte und ruhige Gesellschaft (...). Ihr wenig beschäftigtes Leben ließ ihrer Einbildungskraft volle Muße. Die Ideen über das Reich Gottes fanden in diesem kleinen Kreise guter Menschen mehr Glauben als irgendwo anders. Nichts von dem, was man im griechischen und weltlichen Sinne Zivilisation nennt, war bis zu ihnen gedrungen. (...) Dort fand Jesus seine wahre Familie. Er ließ sich dort wie einer der Ihren nieder. (Ernest Renan, Das Leben Jesu (1981) 77; orig. Paris 1863)

Galiläa, Region im Norden des heutigen Staates Israel, fasziniert schon seit langem: für den Geschichtsschreiber Josephus idealer Siedlungsraum jüdischer Bauern und Städter, die er gegen Roms Legionen zu verteidigen hatte (1. Jh. n. Chr.) — für den liberalen katholischen Theologen, Orientalisten und Jesusforscher Ernest Renan die ideale, idyllische Gegenwelt zu seiner eigenen hektischen Zeit (Mitte des 19. Jhs.). Für viele heutige Pilger und Touristen «heiliges Land» in bukolischer Landschaft, das «fünfte Evangelium», Land der Einkehr und Umkehr, das noch etwas von Jesu Wanderungen und den Stätten der frühen Rabbinen erahnen lässt.

Doch wie sah das Galiläa hinter all den Galiläa*bildern* aus? Die Erforschung der archäologischen und literarischen Quellen hat gerade in den letzten Jahren wichtige neue Erkenntnisse geliefert. Das Bild wandelt sich. Wir erkennen nun: Das antike Galiläa war nicht *nur* eine dörflich geprägte Region, es war *zugleich* Durchgangsland für den Handel zwischen Mittelmeer und den großen Städten östlich des Sees (Abb. 1. 2). Das moderne Bild Galiläas ist komplexer geworden, rechnet mit mehr scheinbaren Widersprüchen und lässt Raum für eine weit größere kulturelle Dynamik, die sich natürlich auch in der materiellen Kultur niederschlägt. Viel Bewegung auf recht kleiner Fläche!

Die in diesem Band vereinigten Beiträge stellen diese neuen Erkenntnisse vor. Sie sind von den Wissenschaftlern geschrieben, die sie erarbeitet haben. Der Band beginnt mit einem Abriss der Lebenswelt im antiken Galiläa von Mordechai Aviam. Aviam rekonstruiert aus Befunden von Jotapata und Gamla, wie galiläische Juden ihren Unterhalt verdient haben, in welchen Häusern sie gewohnt und ihren jüdischen Glauben praktiziert haben.

Jens Schröter fragt auf diesem Hintergrund danach, welche Beziehung zwischen Jesus dem Nazarener und Galiläa besteht. Wie «galiläisch» war also dieser «Galiläer» beziehungsweise seine Botschaft? Nazareth liegt ja in Galiläa, ebenso wie wichtige Orte seines Wirkens, etwa Kapernaum oder die Gegend um den See Gennesaret. Bemerkenswert ist aber auch, dass die Evangelien über manche Orte in Galiläa in auffälliger Weise schweigen — so vor allem über die beiden galiläischen Städte Sepphoris, unweit von Nazareth, und Tiberias am See Gennesa-

Abb. 1
Das Westufer des Sees Gennesaret mit der Ebene von Magdala. Blick von den Klippen von Arbel nach Norden (Foto: J. K. Zangenberg).

ret. Die Adressaten der Verkündigung Jesu sind offenbar in erster Linie Menschen aus den galiläischen Dörfern gewesen. Was hatte er ihnen zu sagen?

Eine ganz besondere, bisher noch kaum beachtete Facette galiläischen Lebens untersucht Yinon Shivti›el: das Leben und die Ängste der galiläischen Rebellen gegen Rom auf Basis halsbrecherischer Expeditionen in zahllosen Höhlen und Verstecken.

Besonders spektakulär jedoch sind die neuen Befunde aus Magdala / Tarichäa, einem Ort, den viele Menschen als beschauliche Heimat der Maria aus Magdala zu kennen glauben, einer der weiblichen Schülerinnen Jesu. Dieses Bild hat sich dramatisch gewandelt: Magdala war eine Großstadt mit Bädern, Markt und einem riesigen Hafen, von dem aus Güter von Ost nach West über den See Gennesaret transportiert wurden, alles gebaut nach der letzten Mode der griechischen Welt und finanziert von reichen Reedern und dem jüdischen Königshaus der Hasmonäer und später des Herodes und dessen Sohn Antipas. Damit beginnt das liebgewonnene Bild Galiläas als abgeschiedenes Hinterland gehörig zu wackeln. Der Artikel von Marcela Zapata Meza, der Leiterin eines derzeit laufenden Grabungsprojektes, führt die spektakulären Befunde vor Augen. Magdala wurde überwiegend von Juden bewohnt; es ist also nicht so, dass Juden in Galiläa nur in Dörfern und Nichtjuden nur in Städten anzutreffen waren. Die Welten waren verzahnt, standen in Austausch und Konkurrenz zueinander – eine Tatsache, die freilich nicht immer ohne Konflikte zu bewältigen war.

Urbanes Leben bestand nicht allein innerhalb Galiläas in Sepphoris, Tiberias und Madgala, sondern auch in unmittelbarer Nähe an der Mittelmeerküste (vor allem Ptolemais / Akko) und östlich des Sees Gennesaret in der sog. Dekapolis. Während in Ptolemais jedoch wegen späterer Überbauung derzeit kaum noch antike Reste zu sehen sind, glänzen die Städte am Ostufer des Sees Gennesaret dank neuer Ausgrabungen wieder in ihrer einstigen urbanen Pracht. Obwohl in gewisser Hinsicht «außerhalb» Galiläas gelegen (so etwa in den Augen des Josephus), waren diese urbanen Zentren in vielfältiger Hinsicht mit Galiläa verzahnt. Nicht nur lebten auch Juden in Hippos und Gadara, die Städte waren auch wichtige Absatzmärkte und Vorbilder, an denen man sich westlich des Sees beim Bauen und Leben orientierte. Die Pracht dieser Städte als Zentren hellenistischer Kultur und Architektur wird in den Grabungen von Arthur Segal in Hippos und den Untersuchungen von Rubina Raja und Achim Lichtenberger in Gadara wieder unmittelbar deutlich.

Der letzte Beitrag präsentiert die Ergebnisse der aktuellen Grabungen auf Horvat Kur, einem Dorf nur unweit des Sees, dass nach den derzeitigen Befunden vor allem in der Zeit nach Jesus bewohnt war und so Kontinuität und Wandel ländlichen Lebens in der Region dokumentiert. Die Entdeckung einer Synagoge liefert zusätzlich ganz wesentliche Einblicke in die Architektur und Funktion dieser zentralen Institution des galiläischen Judentums.

Die Beiträge des vorliegenden Bandes fragen mit jeweils ganz eigenem Akzent nach Galiläa als antikem Kultur-, Wirtschafts- und Lebensraum. Das politische, soziale und religiöse Leben der Menschen im antiken Galiläa wird durch die aktuellen Forschungen deutlicher erkennbar. Die Zeit der Wirksamkeit Jesu, in der der Herodessohn Antipas in Galiläa regierte, tritt dabei als eine Phase wirtschaftlichen Aufschwungs und politischer Stabilität in den Blick.

Konkret gehen die vorliegenden Beiträge mehrheitlich zurück auf ein Symposium, das am 7. und 8. Mai 2011 unter dem Titel «Bauern – Fischer – Propheten: Neues aus Galiläa zur Zeit Jesu» in der Evangelischen Akademie Bad Boll stattfand. Wir danken dem Akademieleiter Dr. Thilo Fitzner für die enthusiastische Aufnahme des Themas in das Akademieprogramm und seine tatkräftige Begleitung. Die lebendigen Diskussionen zwischen Tagungsteilnehmern und Wissenschaftlern (viele davon aus Israel) haben eindrucksvoll gezeigt, wie wichtig die Behandlung auch solcher Themen in einer kirchlichen Akademie ist! Die dort gehaltenen Vorträge wurden anschließend für den Druck bearbeitet und um einige weitere Beiträge ergänzt. Der Verlag Philipp von Zabern war sofort bereit, das Manuskript in der gewohnten professionellen Weise zu einem Text- und Bildband zu verarbeiten, der auch dem Auge Genuss bereitet. Der vorliegende Band reiht sich damit ein in vergleichbare Publikationen zum *Leben am See Gennesaret* (2003) und über *Das Tote Meer. Kultur und Geschichte am tiefsten Punkt der Erde* (2010) im selben Verlag.

Unser Dank geht an die Autoren, die ihre Beiträge für den Druck des vorliegenden Bandes zur Verfügung gestellt haben. Wir danken des Weiteren dem Verlag, insonderheit Herrn Holger Kieburg, für die freundliche und stets zuverlässige Betreuung des Manuskripts. Dank gebührt auch Herrn Patrick Wyssmann (Bern, z. Zt. Leiden) für die zuverlässige Besorgung von Münzabbildungen. Möge der Band dazu dienen, den Leserinnen und Lesern Kultur und Geschichte einer zentralen biblischen Region zu erschließen.

Oktober 2012

Jens Schröter (Berlin)
und Jürgen Zangenberg (Leiden, NL)

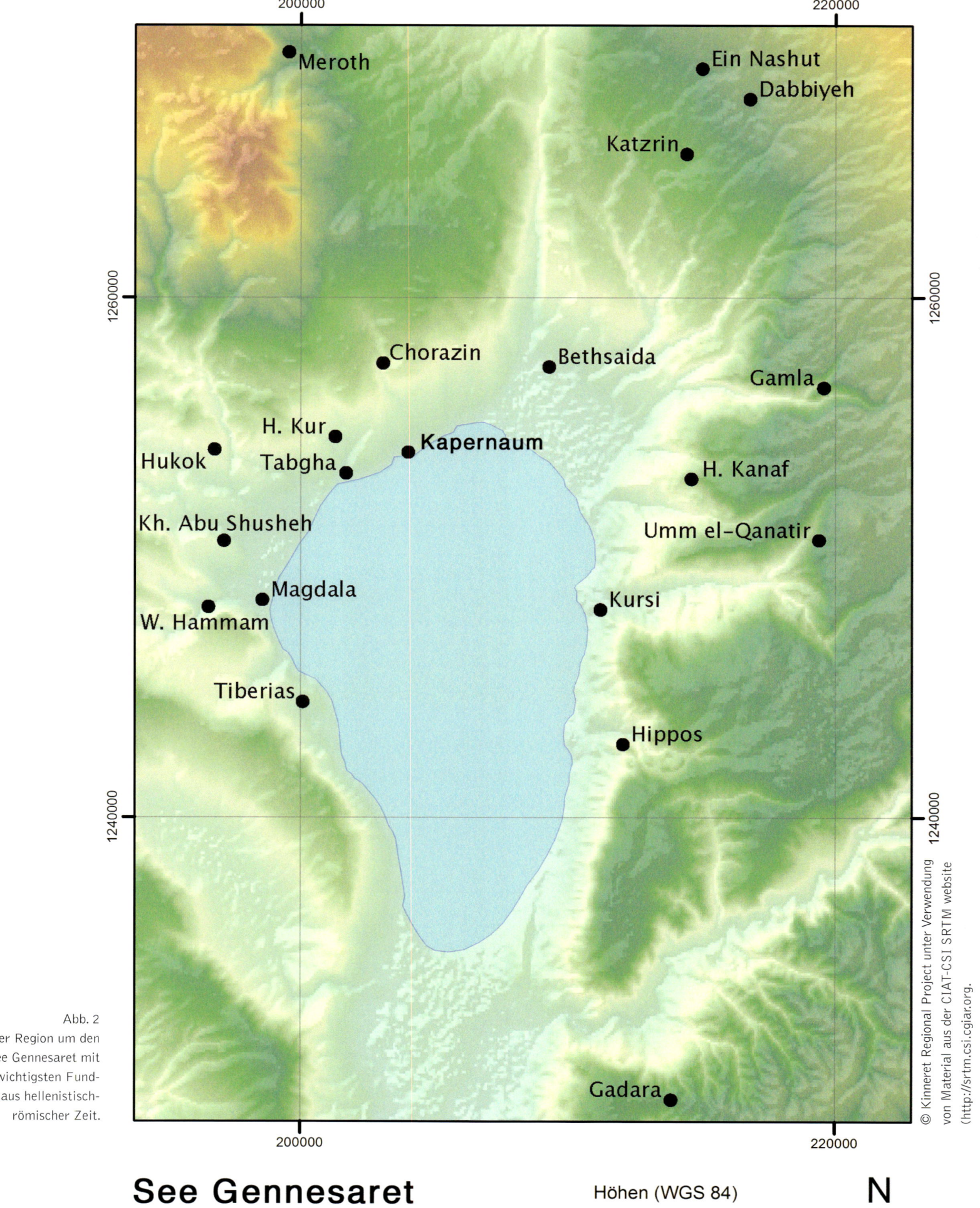

Abb. 2
Karte der Region um den See Gennesaret mit den wichtigsten Fundstellen aus hellenistisch-römischer Zeit.

Weinberge in Galiläa (Foto: N. Armonn).

Griechische Inschrift auf einer Säule in der Synagoge von Kapernaum, die ein gewisser Herodes, Sohn des Monimos zusammen mit Justus gestiftet haben (Foto: Israel Tourism).

Zwischen Meer und See – Geschichte und Kultur Galiläas von Simon Makkabäus bis zu Flavius Josephus

von Mordechai Aviam

Galiläa – Eine Region im Übergang

Im Jahre 163 v. Chr., nur wenige Tage nach der Reinigung des Jerusalemer Tempels durch Judas Makkabäus, trafen Gesandte aus Galiläa und dem nördlichen Ostjordanland (Gilead) in der Heiligen Stadt ein und baten «in zerrissenen Kleidern» um Unterstützung durch die siegreichen Makkabäer. Die Galiläer berichteten, sie seien von heidnischen Banden aus der Region von Ptolemais (Akko), Tyros, Sidon «und dem ganzen oberen Galiläa» angegriffen worden, und flehten daher ihre «Brüder» in Judäa an ihnen zu helfen. Simon Makkabäus zögerte nicht und zog mit 3000 Mann von Judäa nach Galiläa, stellte die lokalen Milizen und jagte sie «bis an die Tore von Akko» am Mittelmeer. Dann versammelte er die Juden aus Galiläa und Arbatta und brachte sie sicher und «mit Freuden» nach Jerusalem (1 Makk 5,14-23). Obwohl diese Erzählung von vielen Wissenschaftlern wegen ihrer zahlreichen Anklänge an ältere biblische Traditionen als legendär betrachtet wird, setzt sie doch militärische Aktivitäten der Hasmonäer zum Schutz jüdischer Bewohner in Galiläa voraus, die offenbar von ihren heidnischen Nachbarn bedrängt wurden.

Mehr als 200 Jahre später, als Flavius Josephus von einer Delegation aus Jerusalem zum Rapport zitiert wurde, um zu Anschuldigungen des Johannes von Gischala Stellung zu nehmen, antwortete dieser in einem kurzen Brief: «Wenn ihr ernsthaft wollt, dass ich zu euch komme, dann gibt es 204 Städte und Dörfer in ganz Galiläa. Ich werde zu jedem einzelnen dieser Orte kommen, den ihr wählt, abgesehen von Gabara und Gischala» (*Vita* 235). Aus dem ehemals mehrheitlich heidnischen Gebiet war im Lauf mehrerer Generationen eine weit überwiegend jüdisch besiedelte Region geworden. Wie ist es dazu gekommen? Der vorliegende Aufsatz geht dieser tiefgreifenden Entwicklung nach und wird vor allem anhand archäologischer Funde und Befunde die unterschiedlichen Stufen dieser Transformation beleuchten.

Die Eroberung Galiläas durch die Hasmonäer

Die meisten Wissenschaftler sind sich darin einig, dass die Eingliederung Galiläas in den jungen Hasmonäerstaat erst gelingen konnte, als die beiden heidnischen Metropolen, die alte Königsstadt Samaria (Abb. 1) und die Dekapolisstadt Skythopolis in der Jesre'el-Ebene (Abb. 2) bezwungen waren, deren Gebiet wie ein Sper-

Abb. 1
Das Podium des Augustustempels auf der Akropolis von Samaria. Die Stadt war stets ein Zentrum nichtjüdischer Kultur.

Abb. 2
Blick über das Stadtzentrum von Skythopolis mit Hauptstraßen, Marktplatz und Tempeln.

riegel zwischen Judäa und Galiläa lag. Obwohl Josephus die Eroberung Galiläas selbst nicht eigens berichtet, ist doch deutlich, dass die Annexion des weiter nordöstlich gelegenen Gebiets der Ituräer am Hermon (die Josephus sehr wohl erwähnt) ohne eine vorherige Eroberung Galiläas nicht möglich gewesen wäre. Zeitlich muss die Eroberung Galiläas entweder am Ende der Herrschaft des Hyrkanus I. (ca. 110 v. Chr.) oder wenig später unter der Regierung seines Nachfolgers Aristobulos I. (104/3 v. Chr.) erfolgt sein. Dani Syons Analysen der hasmonäischen Münzen aus dem Norden Israels und Uzi Leibners Untersuchungen zur jüdischen Besiedlung des östlichen Galiläa legen derzeit das frühere Datum nahe. Doch auch zuvor scheint es bereits militärische Aktivitäten gegeben zu haben. Einige archäologische Befunde aus Grabungen und Surveys dokumentieren Zerstörungen in Galiläa bereits während der zweiten Hälfte des 2. Jhs. v. Chr. Die dabei z. B. in Jotapata, Qeren Naftali, Qedesch, Mizpe Ha-Yamim und wahrscheinlich Magdala zutage geförderte, charakteristische einheimische Gebrauchskeramik («Galilean Coarse Ware», GCW), sowie Öllampen mit figürlichen Darstellungen (Jotapata, Gamla), Figurinen (Beer Scheba in Galiläa, Mizpe Yamim, Gamla, Qedesch; Abb. 3) und ein Hort von Siegelabdrücken (*bullae*) mit Inschriften und Bildnissen (Qedesch) dokumentieren, dass die Hasmonäer bei ihrem Feldzug auf Galiläer stießen, die

Abb. 3
Fragment einer paganen Bronzefigurine aus Beer Scheba von Galiläa.

Abb. 4
Der hellenistische Palast von Qedesch, Sitz des paganen Gouverneurs, zerstört ca. 145 v. Chr.

ob zumindest Teile davon diesen Schritt freiwillig vollzogen. Die religiös motivierte Ideologie der Hasmonäer, das Land Israel von jeglicher heidnischer Präsenz zu reinigen und ihr Gebiet bis zu den Grenzen des traditionellen Königreichs Davids auszudehnen, führte jedenfalls zur Aufgabe und Zerstörung zahlreicher vorhasmonäischer, heidnischer Ortslagen und zum Ersatz der ehemaligen Bevölkerung durch neue jüdische Siedler, die entweder alte Siedlungen übernahmen oder neue, eigene Wohnorte errichteten. Die Mehrheit dieser Siedler kam wohl aus dem überbevölkerten Judäa, hinzu kamen Veteranen der hasmonäischen Armee, konvertierte Einheimische und jüdische Einwohner, die bereits vor der Eroberung in Galiläa gewohnt hatten. Möglicherweise brachten die Neusiedler neben staatlichem Kapital auch bisher unbekannte Technologie aus Judäa nach Norden – wie etwa die industrielle Ölpresse, die sich seit dem frühen 1. Jh. v. Chr. rapide in der Region verbreitete. Nach den intensiven Forschungen durch Uzi Leibner gehören etwa Arbel und Magdala zu den ersten Siedlungen, die noch im 1. Jh. v. Chr. unter den Hasmonäern erbaut wurden (Abb. 5; dazu s.a. den Artikel von Marcela Zapata Meza). Vor allem die Entdeckung einer massiven, hervorragend erhaltenen Steinpier im Hafen

Abb. 5
Luftaufnahme des Grabungsgebiets von Magdala, an der rechten Bildhälfte das franziskanische Areal, links davon das Areal der Mexikaner.

noch Heiden waren und in Kontakt mit den Phöniziern an der Mittelmeerküste standen (Abb. 4). Wir wissen nicht, ob die Hasmonäer diese einheimische Bevölkerung zwangsweise zum Judentum bekehrten oder

Abb. 6
Die zweiphasige Hafenmole von Magdala 2010. Beachtenswert sind die steinernen Ösen zum Vertäuen anlegender Schiffe.

von Magdala aus hasmonäischer Zeit zeigt, dass die neuen Herrscher am Reichtum und Handel der Region partizipieren wollten und dazu beträchtliche Summen Geld zu investieren bereit waren. Der Ausbau Magdalas zum Handelszentrum gab der Stadt zugleich eine herausragende administrative Funktion. Die zweite Phase des Hafens lässt sich in die Zeit des Antipas (4–ca. 39 n. Chr.), des Landesherrn Jesu, datieren, der Magdala durch die Gründung des nur wenige Kilometer entfernten Tiberias freilich unter großen ökonomischen Konkurrenzdruck setzte und die hergebrachte administrative Rolle Magdalas stark einschränkte (Abb. 6). Das neue jüdische Leben in Galiläa ist zudem belegt durch große Mengen und die weite Verbreitung hasmonäischer Münzen. Hasmonäische Stufenbecken für rituelle Tauchbäder (*miqwaot*) wurden bisher in Sepphoris, Gamla und Qeren Naftali entdeckt – ebenso ein deutlicher Hinweis auf jüdische Bevölkerungsgruppen.

Unter König Herodes: Jahre der Vernachlässigung

Nach der Eroberung Syrien-Palästinas durch Pompeius im Jahre 63 n. Chr. verhedderten sich die Hasmonäer immer mehr in dynastische Intrigen und gerieten immer mehr unter den Einfluss des idumäischen Warlords Antipater. Dessen Sohn Herodes wurde von den Römern als Kommandeur in Galiläa eingesetzt. Herodes' rücksichtsloser Krieg gegen den letzten Hasmonäer Mattathias Antigonos reizte die einheimische Bevölkerung und örtliche loyale Unterstützer der Hasmonäerfamilie zum Widerstand. Josephus berichtet von Kämpfen bei Sepphoris und Arbel (*Bellum Iudaicum* 1, 304-306; dazu s. a. den Beitrag von Yinon Shivti'el) sowie von einer Schlacht um eine Festung im Norden Galiläas, an der auch fremde Truppen beteiligt waren (*Bellum Iudaicum* 1, 329-330).

Abb. 7
Das Heiligtum von Omrit, im Bild die dritte Phase des Tempels aus der Zeit um 100 n. Chr. Darunter befanden sich zwei frühere Bauphasen.

Die byzantinische Kalksteinsynagoge von Kapernaum (Foto: M. Möller-Titel).

Abb. 8
Das Heiligtum des Pan am Abhang eines Berges, ein heidnisches Wallfahrtsheiligtum aus hellenistischer und römischer Zeit.

lesamt auf die Anwesenheit nichtjüdischer Einwohner in der Festung während der zweiten Hälfte des 1. Jhs. v. Chr. hin. Die Keramik- und Münzbefunde, sowie die Entdeckung zweier Pferdeskelette bei der Ölpresse im «hasmonäischen Viertel» von Gamla (Areal B/D) belegen dessen plötzliche Aufgabe gegen Ende des 1. Jhs. v. Chr. oder zu Beginn des 1. Jhs. n. Chr. Auch hier liegt ein Zusammenhang mit dem Feldzug des Herodes gegen die Unterstützer der Hasmonäer in Galiläa nahe.

Möglicherweise handelt es sich dabei um die Festung Qeren Naftali, deren Belagerungswall noch heute sichtbar ist. Die Tatsache, dass die dortige Miqwe vermutlich absichtlich mit Unrat zugeschüttet und entweiht wurde, als man sie als Abfallgrube für Schweineknochen und Reste anderer Jagdtiere missbrauchte, spricht für einen dezidiert antijüdischen Akt. Der Fund zahlreicher Öllampen mit bildlicher Dekoration wie auch das Vorhandensein von Knochen unreiner Tiere deuten ebenso al-

Als Herodes Galiläa unter seine Kontrolle gebracht hatte, vergaß er die distanzierte Haltung der Galiläer ihm gegenüber nicht. Josephus berichtet, dass Herodes während seiner langen Regierung kein einziges größeres öffentliches Gebäude in Galiläa hat errichten lassen – eine Behauptung, die durch das Fehlen einschlägiger archäologischer Befunde durchaus bestätigt wird. Nicht einmal der «Königspalast» in Sepphoris (*Antiquitates Iudaicae* 17, 271) muss auf Herodes selbst zurückgehen, sondern könnte vielmehr der alte Palast der Hasmonäer gewesen sein, den der junge König als Herrscher über Galiläa bewohnte. In nächster Nachbarschaft zu Galiläa lag der dem Augustus geweihte Tempel «nahe dem Ort genannt Paneas», der sicher von Herodes errichtet wurde, aber dieser war nicht für die Juden bestimmt und befand sich zudem auf dem Land des Heiden Zenodoros (*Antiquitates Iudaicae* 15, 350-365; Abb. 7. 8).

Aufschwung unter Herodes Antipas, «Tetrarch» von Galiläa

Abb. 9 (rechts oben)
Die Ränge des Theaters von Sepphoris.

Abb. 10 (rechts unten)
Das zweiphasige Theater von Tiberias.

Erst zu Beginn des 1. Jhs. n. Chr. traten tiefgreifende Veränderungen in Galiläa ein, als der im Testament des Herodes als Herrscher («Tetrarch») über Galiläa eingesetzte Sohn Herodes Antipas im Jahre 4 n. Chr. von Augustus in dieser Rolle bestätigt wurde. Antipas nahm sogleich Sephoris als seine Residenz in Besitz – ein logischer Schritt, da Sepphoris zentral gelegen und die größte Stadt in seinem Territorium war. Antipas baute Sepphoris zur «Zierde Galiläas» aus (das griechische Wort *proschema* kann auch «starkes Bollwerk» bedeuten) und nannte es «Autokratoris» (*Antiquitates Iudaicae* 18, 27). Da Antipas seinem Vater Herodes als Baumeister nacheiferte, dürfte er die Stadt nach römischem Muster geplant und ausgebaut haben. Zugleich gründete

Antipas gegen Ende des zweiten Jahrzehnts des 1. Jhs. n. Chr. – auch dies nach dem Vorbild seines Vaters – eine eigene Stadt und benannte sie nach seinem kaiserlichen Schutzpatron in Rom: Tiberias (*Antiquitates Iudaicae* 18, 36-38).

Obwohl praktisch noch keine Endberichte zu den Befunden des 1. Jhs. v. bzw. n. Chr. aus Sepphoris vorliegen, spricht derzeit manches dafür, dass Planung und Bau der nord-südlich verlaufenden Hauptstraße (*cardo*) auf das 1. Jh. n. Chr. zurückgehen, vermutlich sogar auf Antipas selbst. Auch wird die erste Phase der Wasserleitung nach Sepphoris durch den Ausgräber Tsvika Tsuk ins 1. Jh. n. Chr. datiert. Von besonderer Bedeutung ist das Theater von Sepphoris, das derzeit von einigen

Forschern in die erste Hälfte des 1. Jhs. n. Chr. datiert wird, von anderen aber nicht früher als ins 2. Jh. n. Chr. (Abb. 9; dazu s. a. den Beitrag von Jens Schröter). Da die archäologischen Befunde in Sepphoris selbst zur Lösung dieses Problems nicht ausreichen, muss man anderenorts nach indirekten Hinweisen zur Datierung des Theaters suchen. Eine Kombination neuerer Befunde aus Tiberias und Skythopolis könnte hier weiterhelfen: Auch in Tiberias wurde in den letzten Jahren ein Theater vollständig ausgegraben (Abb. 10). Nach den derzeit vorliegenden Befunden war dieses Theater zweiphasig und ähnelt darin der Bühne von Skythopolis, deren erste Phase klar in die erste Hälfte des 1. Jhs. n. Chr. datiert werden kann. Sollte dieser Befund auch für die Datierung des Theaters von Sepphoris relevant sein, dann würde dies ebenfalls in die Zeit des Antipas gehören.

Zu den Bauaktivitäten des Antipas in Tiberias gehörte auch ein Stadion, dessen Reste von Moshe Hartal direkt am Ufer des Sees Gennesaret gefunden wurden (*Bellum Iudaicum* 3, 539). Nachdem Herodes der Große bereits ein Stadion in Caesarea am Meer hatte errichten lassen, scheint auch sein Sohn ein solches in seiner galiläischen

Abb. 11
Gewölbes des Stadions von Tiberias.

Abb. 12
Das Südtor von Tiberias mit Rundtürmen und Zugang wohl aus der Zeit des Antipas oder aus der zweiten Hälfte des 1. Jhs. n. Chr.

Residenzstadt gebaut zu haben (Abb. 11). Ferner wurde in Tiberias bereits in den 1970er Jahren ein monumentales, freistehendes Stadttor samt flankierenden Rundtürmen und steinerner Zugangsbrücke ausgegraben, das nun konserviert und sichtbar ist (Abb. 12). Vom Tor aus, das zunächst keine fortifikatorische Funktion besaß, sondern als dekorativer Eingang zur Stadt diente, führte der *cardo* nach Norden. Auch diese Hauptstraße könnte in seiner ältesten Phase aus dem 1. Jh. n. Chr. stammen. Die Reste eines luxuriösen Wohnhauses mit *opus sectile*-Fußboden aus Marmorplatten sowie Fragmente von bemaltem Wandputz in Pompejanischem Stil aus Yizhar Hirschfelds Ausgrabungen könnten sogar zum Palast des Antipas gehört haben (Abb. 13). Fasst man all diese Bauten in Tiberias zusammen, dann ergibt sich das eindrucksvolle Bild einer durch Investitionen des Herrscherhauses errichteten Residenzstadt nach hellenistischer Manier. Flankierende Investitionen in Sepphoris und vor allem in den Hafen von Magdala (s. a. den Beitrag von Marcela Zapata Meza) verstärken das Bild eines Herrschers, der Galiläa systematisch ausbauen und an die mittelmeerische Kultur anschließen ließ. Sicherlich übten die in Sepphoris, Tiberias oder Magdala residierende Elite und die zahlreichen Bauprojekte beträchtlichen Einfluss auf das umliegende Gebiet am See Gennesaret aus. Jesus wirkte in einer zumindest äußerlich prosperierenden Region.

Abb. 13
Fußboden eines luxuriösen Gebäudes aus der Zeit vor 70 n. Chr.

Jotapata und Gamla: Einblicke in das Alltagsleben im 1. Jh. n. Chr.

Abb. 14
Der Hügel von Jotapata.

Da Jotapata im nördlichen Untergaliläa und Gamla im westlichen Golan während des Jüdischen Krieges im Jahre 67 n. Chr. zerstört und nicht wieder aufgebaut wurden und ihre Strukturen durch Ausgrabungen recht gut bekannt sind, eignen sich die beiden Städte hervorragend zur Rekonstruktion des Alltagslebens im Galiläa des 1. Jhs. n. Chr.

Die Besiedlung Jotapatas begann zunächst auf der Hügelkuppe in Form eines vorhasmonäischen Dorfes und einer hasmonäischen Befestigung von etwa 12 000 m² Größe (Abb. 14). Von dort aus entwickelte sich die Stadt bis zu ihrer Zerstörung im Jahr 67 n. Chr. hangabwärts zunächst mit einem Wohngürtel aus dem dritten Viertel des 1. Jhs. v. Chr. (dazu gehört u. a. auch das sog. Freskohaus) sowie einem weiteren aus der Zeit des Antipas. Die verschiedenen Bauphasen lassen sich u. a. auch mittels der Form der Zisternen und der chronologischen Verteilung der Fundmünzen unterscheiden (Abb. 15).

Im Moment seiner größten Ausdehnung bedeckte die Stadt eine Grundfläche von ca. 5,5 ha und bot Platz für

Bananen gab es in hellenistisch-römischer Zeit noch nicht am See, heute sind sie aus der Landschaft nicht mehr wegzudenken (Foto: M. Möller-Titel).

Abb. 15
Zisterne auf der Hügelspitze.

Abb. 16
Rekonstruktion der Stadt Jotapata mit unterschiedlichen Wohnareale, die sich den Hügel herab erstrecken.

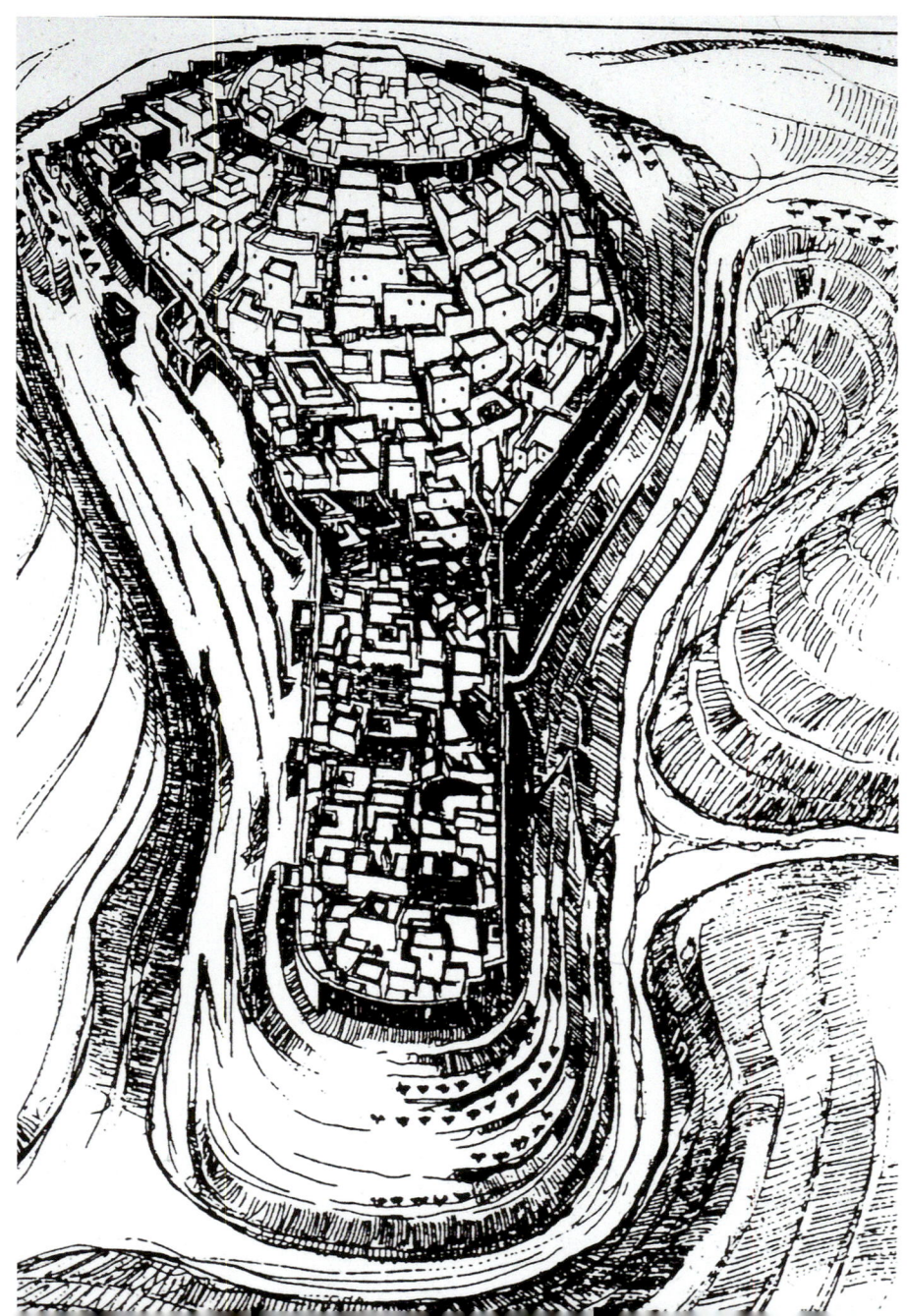

ca. 2000 Bewohner (Abb. 16). Ausgrabungen in Areal B und D an der oberen Kante des nordöstlichen Berghangs von Gamla brachten vor allem hellenistische und hasmonäische Wohnhäuser zutage (Abb. 17). Die Häuser waren zumeist einfach: Man kam ohne behauene Steinblöcke aus, die meisten Fußböden bestanden aus gestampftem Lehm oder geglättetem Fels. Nur ein oder zwei Böden waren mit unregelmäßigen Platten gepflastert, sie befanden sich in Innenhöfen unter freiem Himmel. Zwei der Häuser besaßen kleine, einfache Miqwaot und waren nahe einer Ölpresse errichtet, die in einer Höhle am oberen Teil des Osthangs eingerichtet war. Die Bewohner dieses Hauses, das nahe der Stadtmauer stand, stellten in der Anlage wahrscheinlich rituell reines Öl her – ein gut bekanntes Phänomen aus der Zeit des späten Zweiten Tempels (Abb. 18).

Eine kleine Gruppe der städtischen Elite bewohnte die höheren Bereiche des Osthangs des Stadthügels, wo sie in geräumigen, aufwändig ausgestatteten Häusern residierte. Da dieser Teil der Stadt an einem steilen Hang errichtet war, sorgten drei massive Terrassenmauern für genügend Stabilität für die zwei- oder dreistöckigen Residenzen. Ein Teil dieser Häuser wurde ausgegraben. In einem dieser Häuser waren die Wände mit farbenfrohen Fresken im Zweiten Pompejanischen Stil bemalt, hinzu kam wunderschön geformter Stuck (Abb. 19). Ein weiteres, einzigartiges Detail kam ebenfalls ans Licht: Der Boden war mit Fresken im *opus sectile*-Stil bedeckt. Die bisher einzige Parallele dafür ist der frühe, herodianische Fußboden in der Orchestra des Theaters in Caesarea am Meer. Ähnliche Wandmalereien sind vor allem aus den

Abb. 17
Reste der Wohnbebauung auf einer Hangterrasse. Die Mauern der recht kleinen Räume sind aus groben Feldsteinen gebaut.

Abb. 18
Eines der zahlreichen Ritualbäder in einem Wohngebiet.

Abb. 19
Farbige Paneele in einem Wohnraum des Freskohauses von Jotapata.

Abb. 20
«Herodianische» (knife-pared) schwarzgebrannte Öllampe, gefunden in Jotapata.

herodianischen Palästen bekannt, aber auch in sehr reichen Stadtvillen wie etwa in Caesarea unter der byzantinischen Palaestra oder am Westhügel des herodianischen Jerusalem.

Auch einige andere Funde aus der Oberstadt demonstrieren den gehobenen Lebensstandart der Bewohner. So fand man beispielsweise zahlreiche Scherben großer, grauer Leuchter mit mehreren, mit dem Messer geschnittenen Schnauzen (Abb. 20). Dieser Lampentyp ist relativ selten und wird von Archäologen als typisches Luxusprodukt angesehen. Auch das Fragment eines rechteckigen Kalksteintisches kam zutage – ähnlich denen aus Jerusalem –, der bisher einzige Steintisch aus Galiläa im 1. Jh. n. Chr.

Weitere Gegenstände reicher Haushalte wurden an anderen Stellen Jotapatas entdeckt, so z. B. ein eiserner Schlüssel wie er in der römischen Periode überall im Mittelmeergebiet vorkommt. Derartige Schließeinrichtungen waren teuer und legen nahe, dass sie dem Schutz besonderer Wertgegenstände dienten, die hinter der abgeschlossenen Tür aufbewahrt wurden. Bei dem zweiten Beispiel handelt es sich um einen Satz aus zwei bronzenen, verzinkten Waagschalen. Ihr Durchmesser von 8 cm wäre ideal zum Wiegen von Edelsteinen, Gold, Weihrauch oder wertvoller Gewürze gewesen. Zwei dekorierte Gemmen, die einst in Ringen eingelegt waren, sowie ein Goldring wurden ebenso gefunden. Ähnliche Funde kamen auch in Gamla zutage: ein eiserner Türschlüssel und einige geschnittene Gemmen.

Jotapata lieferte auch anschauliche Hinweise auf verschiedene Handwerke. Neben der Ölproduktion (dazu oben) ist die Textilherstellung zu nennen. In verschiedenen Häusern wurden Spinnwirtel und Rocken gefunden. Besonders beeindruckend ist jedoch die große Anzahl Webgewichte aus gebranntem Ton, von denen mehr als 250 Stück in und um die zerstörten Häuser ausgegraben wurden. Dies ist die größte Menge Webgewichte, die je in römerzeitlichen Wohngebäuden in Israel entdeckt wurde. In Gamla zum Beispiel, wo die ausgegrabene Fläche doppelt so groß ist wie in Jotapata, kamen nur 90 Webgewichte zutage. Wie intensiv Wollproduktion betrieben wurde, zeigt sich auch anhand der Tierknochen: Nicht nur überwiegen Schafknochen gegenüber denen von der Ziege, die Schafe wurden auch erst in fortgeschrittenem Alter geschlachtet, was dafür spricht, dass die Tiere wegen Wolle und Milch, nicht wegen des Fleisches gehalten wurden.

Die dritte Industrie, die neben Öl- und Textilproduktion in Jotapata identifiziert werden konnte, war die Töpferei, konzentriert in einem Quartier im südlichsten Teil der Stadt. In vier Grabungsquadraten traf man insgesamt vier Töpferöfen an. Unter der großen Menge Scherben, die um die Öfen herum gefunden wurden, befanden sich auch einige Fragmente von fehlgebrannten Kochtöpfen (Abb. 21). Damit ist bewiesen, dass in Galiläa neben den in der wissenschaftlichen Literatur durchweg herangezogenen Töpferbetrieben von Kfar Hananja noch mindestens eine weitere Produktionsstätte von Gebrauchskeramik bestand; daneben existierte wahrscheinlich noch eine weitere in Shikhin. Jotapata und Shikhin konnten somit problemlos nebeneinander die Märkte von Städten wie Sepphoris beliefern.

Abb. 21
Grabungsfoto eines Töpferofens aus Jotapata mit Keramikfragmenten, rechts im Bild die Stadtmauer.

Intensive Feldbegehungen durch den Autor haben zudem wertvolle Erkenntnisse zur Nutzung des umliegenden Landes erbracht. So wurde beispielsweise deutlich, dass nur etwa die Hälfte des Landes für Ackerbau nutzbar war, die andere Hälfte war zu steinig und es gab keine Terrassierungen für Felder. Diese Gebiete wurden wahrscheinlich für Weidewirtschaft genutzt. Auffällig ist ferner, dass in der Umgegend von Jotapata viele Zisternen in offenem Terrain angelegt waren, ganz im Unterschied zu vielen anderen Regionen Galiläas. Vermutlich dienten die Zisternen zur Versorgung der Herden mit Wasser, zumal es in der Umgebung von Jotapata keine einzige natürliche Quelle gibt. Auch wurden in der Gegend nur zwei der in Galiläa so häufigen, in den Fels geschlagene Weinpressen gefunden. Weinbau war somit kein bedeutender Wirtschaftszweig der Bewohner von Jotapata.

Reinheit und Gemeinschaft:
Das religiöse Leben im jüdischen Galiläa

Neben Städtebau und Landwirtschaft werfen die archäologischen Entdeckungen der vergangenen 25 bis 30 Jahre vor allem neues Licht auf die religiösen Praktiken der Galiläer und unterstreichen die herausragende Rolle Jerusalems und des Tempels auch für die Region im Norden. Nach der hasmonäischen Annexion fanden Installationen wie etwa das Ritualbad Einzug in Galiläa. Durch Untertauchen in Wasser kann man nach jüdischer Tradition Unreinheit beseitigen, die dem Menschen verwehrt, am kultischen Handeln (vor allem am Tempel) und am sozialen Leben teilzunehmen. Beispiele für frühe Miqwaot des 1. Jhs. v. Chr. sind etwa aus Qeren Naftali, Gamla oder Sepphoris bekannt, spätere aus dem 1. Jh. n. Chr. kennen wir aus Sepphoris, Gamla

Abb. 22a.b
Stufenbecken (Ritualbad) im Westquartier von Sepphoris (a) und kleine Miqwe in einem Hofhaus von Gamla (b). Neben der Miqwe in Hof befand sich eine Ölpresse.

Abb. 23
Tonlampen aus Gamla (fotografiert im Regionalmuseum Qatzrin).

und Jotapata, den Dörfern Kana, Ibillin, Nazareth, Japhia, den Klippen von Arbel und sogar in winzigen Weilern und Gehöften wie am Berg Kamon, in Bet Zarzir und, gerade erst entdeckt, Suaed Humeira oberhalb des Zippori-Bachs am westlichen Rand von Untergaliläa (Abb. 22 a.b). Die weite Verbreitung von Miqwen in den Städten, Dörfern und Höfen des 1. Jhs. v. und n. Chr. zeigt, wie selbstverständlich rituelle Reinigung mit Wasser für die Bewohner Galiläas geworden war, genau wie in Judäa. Das Vorhandensein solcher Installationen deutet auch auf einen gewissen Wohlstand hin, da sich arme Leute derartige Einrichtungen wohl kaum leisten konnten. Die Existenz von Miqwaot in der Nähe von Ölpressen dokumentiert eine weitere religiöse Praxis: die Herstellung von reinem Öl durch regelmäßige rituelle Reinigung die Arbeiter (s. o.). Kunden dieses Öls waren wohl Juden, die ihre Nahrung ebenfalls in ritueller Reinheit zu sich nehmen wollten und damit priesterlichen Idealen nacheiferten – eine Haltung, die in Jerusalem verbreitet war und sich im Lauf des 1. Jhs. v. bzw. n. Chr. immer mehr auf andere von Juden bewohnte Gebiete ausdehnte. Dazu zählte offensichtlich auch Galiläa.

Auch die Entdeckung von Steingefäßen ist sehr wahrscheinlich ein weiterer Hinweis auf religiöse Praktiken galiläischer Juden. Nach jüdischer Auffassung leiten Steingefäße – im Unterschied zur normalen Haushaltsware aus Keramik – Unreinheit nicht weiter und können so zur Bewahrung der Reinheit ihrer Nutzer eingesetzt werden. Dies ermöglicht den Nutzern nicht nur, religiöse Handlungen vorzunehmen (z. B. Teilnahme am Synagogengottesdienst), sondern auch Sozialkontakte mit all denen zu pflegen, die sich nicht selbst durch Unreinheit «anstecken» lassen wollen. Steingefäße sind somit eine willkommene Ergänzung zu Tauchbädern, die – wie oben dargestellt – der Wiederherstellung von Reinheit dienen konnten.

Frühlingswiese in Galiläa
(Foto: Israel Tourism).

Abb. 24
Die Synagoge von Gamla mit umlaufenden Sitzbänken und großem Innenraum.

In Jotapata und Gamla wurden Dutzende Fragmente dieser Steingefäße gefunden. Meistens stammen diese von kleinen und größeren Tassen (einige mit Ausguss), zuweilen auch von halbkugeligen Schalen oder sind Fragmente großer Kratere (nicht in Gamla oder Jotapata, wohl aber in Sepphoris). Keine dieser Formen besitzt direkte Parallelen im regionalen Repertoire an Gebrauchskeramik, was die rituelle Funktion dieser Gefäße nahelegt. Die Schalen wurden wegen des im Vergleich zu üblichen Keramikgefäßen höheren Preises eventuell zum Konsum von Wein während des Sabbatmahls genutzt. Tassen hingegen konnten zum Waschen der Hände vor Mahlzeiten benutzt werden, Gefäße mit Ausguss dienten eventuell zum Auffüllen von Öllampen. Noch bedeutsamer aber ist die Entdeckung von Produktionsstätten dieser Steingefäße. Zwei davon wurden schon vor einigen Jahren im galiläischen Betlehem und in Reina bei Nazareth lokalisiert, eine dritte kam vor fünf Jahren in einer Höhle nordöstlich von Nazareth hinzu, die aber bisher unpubliziert geblieben ist.

Schließlich ein Wort zu den Tonlampen (Abb. 23). Auffälligerweise stammte der allergrößte Teil der gewöhnlichen Tonlampen mit keilförmiger Schnauze («knife pared spout»), die in Jotapata und Gamla gefunden wurden, aus Jerusalem, obwohl man sie ebenso wie die restliche Gebrauchskeramik leicht auch vor Ort hätte herstellen können. In Gräbern gehören sogar alle Lampen diesem Typ an. Vermutlich deutet auch dies auf eine besondere Verbindung mit Jerusalem hin, wo der Tempel stand und Licht und Leben durch den darin stehenden großen siebenarmigen Leuchter (Menora) symbolisiert wurden. Offensichtlich wollte man sich der Nähe dieser Heilsgüter durch die Verwendung von Lampen aus Jerusalem zusätzlich versichern.

Frühe Synagogen

Lange Zeit waren Synagogen des 1. Jhs. n. Chr. ein heiß umstrittenes Thema in der wissenschaftlichen Diskussion. Seit in den letzten 20 Jahren aber mehr und mehr Gebäude entdeckt wurden, die als Synagogen angesprochen werden können, hat die Intensität der Debatte merklich abgenommen. Die Lage in Galiläa blieb aber kompliziert, da bisher nur die Synagoge von Gamla im westlichen Golan (also nicht einmal in Galiläa im engeren Sinn!) zweifelsfrei dem 1. Jh. v. / n. Chr. zugewiesen werden konnte, weitere Synagogen in Galiläa aber nicht gefunden wurden (Abb. 24). Die Situation änderte sich freilich dramatisch, als 2009 in Magdala eine spektakuläre Entdeckung gemacht wurde: In einer Rettungsgrabung der Israel Antiquities Authority unter Dina Avshalom-Gorni und Arfan Najjar kam die erste galiläische Synagoge des 1. Jhs. v. Chr. ans Licht (Abb. 25).

Die Bedeutung Magdalas für Galiläa ist sowohl aus der Literatur als auch aufgrund archäologischer Befunde evident (dazu s. a. den Beitrag von Marcela Zapata Meza). Die Synagoge ergänzt dieses Bild nun in hervorragender Weise. Trotz vieler Ähnlichkeiten zwischen den Synagogen in Gamla und Magdala bestehen jedoch auch interessante Unterschiede. Die Synagoge von Gamla ist viel größer und wurde aus sorgfältig geglätteten Steinblöcken errichtet. Obwohl in Gamla anders als in Magdala behauene Architekturteile verwendet wurden, fehlen dort jegliche Reste farbiger Wandbemalung oder Mosaike, wie sie in Magdala angetroffen wurden. Während Lage, Größe und Ausstattung der Synagoge von Gamla nahelegen, dass sie als zentrales öffentliches Versammlungsgebäude der Stadt diente, macht die Synagoge von Magdala eher den Eindruck eines Gebetshauses für die Bewohner des umliegenden Stadtviertels.

Das Versammlungshaus von Magdala ist quadratisch und im Innenraum mit Sitzbänken ausgestattet. Teile des Zugangswegs sind mit Mosaik belegt, Wände und Säulen mit Freskos bedeckt. Der Fußboden des zentralen Innenraums war mit Kieselsteinen gepflastert. Sollte dies der originale Belag gewesen sein, war der Boden vermutlich zusätzlich noch mit Teppichen oder Matten bedeckt. An der Westseite des Innenraums öffnete sich ein weiterer Raum mit Bänken, der vermutlich als kleineres Studierzimmer genutzt wurde, ganz ähnlich wie in Gamla. Form und Dekoration des Gebäudes ähneln etwa der dörflichen Synagoge von Qiryat Sefer in Judäa (Abb. 26) und ordnen sich problemlos in die materielle Kultur des palästinischen Judentums vor 70 n. Chr. ein. Mit der Synagoge von Magdala hat Galiläa Anschluss an den Forschungsstand der übrigen Regionen Palästinas ge-

Abb. 25
Luftaufnahme der Synagoge von Magdala, auch hier sind umlaufende Sitzbänke und ein rechteckiger Innenraum zu finden.

Abb. 26
Rechteckige Synagoge des späthellenistisch-frührömischen Dorfes von Qiryat Sefer in Judäa.

funden, eine religiöse Sonderrolle Galiläas in Vergleich etwa zu Judäa ist nun noch unwahrscheinlicher als zuvor.

Besonderes Aufsehen aber weckte ein bisher völlig unbekanntes Objekt, das noch am originalen Platz in der Mitte des Hauptraums der Synagoge entdeckt wurde: ein rechteckiger Tisch mit vier kurzen Beinen aus Kalkstein, der an allen vier Seiten und an der Oberfläche reich verziert war. Im Jahre 2012 wurde ein ähnliches Objekt in einem anderen Fundkontext in Horvat Kur gefunden (dazu s. a. den Beitrag von Jürgen K. Zangenberg). Da eine offizielle Publikation der Synagoge und des Steins von Magdala noch nicht vorliegt, ist man bei der Einordnung und Diskussion des faszinierenden Objekts auf Fotos und kurze Berichte im Internet angewiesen (Abb. 27). Wozu diente der Tisch? Ein genauer Blick zeigt, dass die vier Ecken der Oberfläche ungeglättet geblieben sind, möglicherweise als Standfläche für die Füße eines hölzernen Tisches, der vielleicht zur Rezitation der Tora gedient haben könnte. Die beiden Langseiten zeigen vermutlich je eine stilisierte Kolonnade aus zwei ineinander stehenden Säulenreihen. Am Beginn der Kolonnade hängt ein Objekt, nach Meinung der Ausgräber vielleicht eine Öllampe. Die Oberfläche des Steins ist komplett mit mehreren Gruppen von Objekten bedeckt. Die erste Gruppe besteht aus sechs Elementen, die möglicherweise verschieden große Efeublätter darstellen, sechs weitere sind geometrisch. Sie sind kreisförmig um eine große, zentrale Rosette angeordnet. Zu beiden Seiten der Rosette befindet sich je ein Objekt, das von den Ausgräbern als Palmbäume interpretiert wird, m. E. aber eher als Schaufeln oder Besen angesehen werden können, mit denen im Tempelkult der Altar von Asche gereinigt worden ist. Die Oberfläche des Steins könnte den Schaubrottisch darstellen, die insgesamt zwölf kleineren Objekte die Schaubrote sowie die Rosette ein Gefäß oder ein bedeutendes, aber uns unbekanntes Symbol. Am interessantesten jedoch ist die Frontseite. In deren Mitte ist eine achtarmige Menora abgebildet (die erste aus Stein, die außerhalb Jerusalems gefunden wurde), die auf einem hohen Podium steht, flankiert von zwei Vasen. Das gesamte Ensemble ist durch einen architektonischen Rahmen aus zwei durch einen Bogen verbundene Säulen eingefasst. Vermutlich stellt diese einzigartige Kombination das Innere des Tempels mit der Menora dar – ähnlich der Ritzung an der Wand eines priesterlichen Hauses in der Oberstadt von Jerusalem. Während also die Oberfläche des Steins in Form des Schaubrottisches ein wichtiges Kultobjekt aus dem Jerusalemer Tempel vergegenwärtigt haben könnte, eröffnet die Frontseite einen direkten Blick auf den zentralen Gegenstand des Jerusalemer Heiligtums: den achtarmigen Leuchter als Symbol der Gegenwart Gottes (Menora). Zweifellos besaß der Stein eine herausragende Rolle im örtlichen Gottesdienst und verband für die Gläubigen das liturgische Geschehen in Magdala auf imaginäre Weise mit dem priesterlichen Tempelkult in Jerusalem.

Abb. 27
Rückseite des dekorierten Steins von Magdala (Basis eines Lesepults?), Replik des Originals.

Ausblick

Der gegebene Überblick konnte hoffentlich die beiden Phasen materieller Kultur deutlich vor Augen führen. Die erste Epoche datiert an den Beginn des 1. Jhs. v. Chr., als Galiläa von den Hasmonäern erobert und dem rapide wachsenden judäischen Tempelstaat hinzugefügt wurde. Die zweite Phase dauerte von der Regierungszeit des Antipas bis in die zweite Hälfte des 1. Jhs. n. Chr. Während in der ersten Phase die Ankunft neuer Siedler einen klaren Anschluss an die Religion und Kultur Jerusalems mit sich brachte (Steingefäße, Miqwaot, wenig später auch Synagogen) und erste Infrastrukturprojekte erkennbar sind (Magdala), zeichnet sich die zweite Periode vor allem durch verstärkte Urbanisierung (Ausbau von Magdala und Sepphoris, Gründung von Tiberias) und die kulturelle Öffnung zur Mittelmeerwelt aus. Die Funde von Gamla und Jotapata demonstrieren rapides Wachstum während der vier Jahrzehnte des 1. Jhs. n. Chr., nicht nur was die Siedlungsgröße angeht, sondern auch hinsichtlich der landwirtschaftlichen Produktion. Dieser wachsende Wohlstand schlägt sich nicht zuletzt auch im Bau luxuriöser Wohnhäuser nieder, wie sie in beiden Kleinstädten, sicher aber auch anderenorts, errichtet wurden.

Da Flavius Josephus nur am Rande über das religiöse Leben der galiläischen Juden berichtet, sind archäologische Befunde umso wichtiger. Es kann kein Zweifel daran bestehen, dass der Jerusalemer Tempel und sein Kult das Zentrum der religiösen Identität auch von galiläischen Juden darstellte. Ritualbäder, Steingefäße und die Einhaltung jüdischer Speisevorschriften belegen, dass das Leben galiläischer Juden dem ihrer judäischen Glaubensgenossen sehr weitgehend entsprach. Die «Jerusalemer» Öllampen, die überall in Galiläa, in Peräa und im Golan gefunden wurden, bestätigen die spirituelle Verbindung der galiläischen Gesellschaft mit der intellektuellen Elite in Jerusalem, dem Tempel und der Menora darin. Besonders eindrücklich ist in diesem Zusammenhang natürlich der dekorierte Stein aus der Synagoge von Magdala.

Obwohl Galiläa durch die Legionen Vespasians in den Jahren 67 und 68 n. Chr. schwer getroffen wurde, erholte sich die Region rasch. Die sozialen und wirtschaftlichen Grundlagen, die die Herrschaft der Hasmonäer und des Antipas geschaffen hatten, waren stark genug, um Galiläa nach dem Zweiten Aufstand trotz massiver Zerstörungen und Tausender Toter wieder zum Zentrum jüdischen Lebens zu machen.

Adresse des Autors

Prof. Dr. Mordechai Aviam
Institute for Galilean Archaeology
Kinneret College
Israel

in Zusammenarbeit mit Miller Center, University of Miami, Miami / Florida

Übersetzt und bearbeitet von Jürgen K. Zangenberg.

Bildnachweis

Abb. 1, 2, 4, 6-10, 12-15, 17, 18, 22 a.b, 24, 26: J. K. Zangenberg; 3, 11, 16, 19-21, 27: M. Aviam; 5: Magdala Project; 25: Israel Antiquities Authority.

Literatur

M. Aviam, Jews, Pagans and Christians in the Galilee (2004).

A. Berlin, Gamla I. The Pottery of the Second Temple Period (2006).

R. E. Edwards / C. T. McCollough (Hrsg.), Archaeology and the Galilee (1997).

M. Hartal, http://www.hadashot-esi.org.il/report_detail_eng.asp?id=773&mag_id=114 (2008).

M. H. Jensen, Herod Antipas in Galilee. The Literary and Archaeological Sources on the Reign of Herod Antipas and Its Socio-Economic Impact on Galilee (2006).

U. Leibner, Settlement and History in Hellenistic, Roman, and Byzantine Galilee (2009).

D. Syon, Tyre and Gamla. A Study in the Monetary Influence of Southern Phoenicia on Galilee and the Golan in the Hellenistic and Roman Periods, PhD diss. (2004).

Z. Weiss, Josephus and Archaeology on the Cities of the Galilee, in: Z. Rodgers (Hrsg.), Making History. Josephus and Historical Method (2007) 387-414.

J. K. Zangenberg, Pure Stone. Archaeological Evidence for Jewish Purity Practices in Late Second Temple Judaism (Miqwa'ot, Stone Vessels), in: C. Frevel / C. Nihan (Hrsg.), Purity in Ancient Judaism and the Ancient Mediterranean World and the Forming of Religious Traditions (2012) 537-572.

Blumenpracht im Frühling
(Foto: Israel Tourism).

Blüten am Berg Arbel
(Foto: Israel Tourism).

Jesus der Galiläer – Die Wechselwirkung zwischen galiläischer Umwelt und Botschaft in der Verkündigung des Nazareners

von Jens Schröter

Galiläa als Raum des Wirkens Jesu

Nach Markus 1,14 f. kommt Jesus nach Galiläa, um dort das Evangelium Gottes zu verkünden:

«Nachdem Johannes ausgeliefert worden war, kam Jesus nach Galiläa, verkündigte das Evangelium Gottes und sagte: ‹Die Zeit ist erfüllt und die Herrschaft Gottes ist herbeigekommen. Kehrt um und glaubt an das Evangelium.›»

Jesus fordert zunächst Fischer am See Gennesaret auf, sich ihm anzuschließen, tritt sodann in der Synagoge von Kapernaum auf und bewegt sich im weiteren Verlauf vor allem am See Gennesaret (Abb. 1). Später dehnt er seine Wirksamkeit auch auf die an Galiläa angrenzenden Gebiete aus: zunächst auf die sog. Dekapolis östlich des Sees Gennesaret, dann auch auf die syrisch-phönizische Küstenebene im Nordwesten. Davon deutlich abgesetzt ist der zweite Teil seines Wirkens in Judäa und Jerusalem. Hier spitzen sich die Konflikte mit den jüdischen Autoritäten zu, der Tempel wird zum Ort einer prophetischen Zeichenhandlung Jesu, Jerusalem zum Platz seiner Verhaftung und Hinrichtung, bei der das Synhedrium und die römische Besatzungsmacht zusammenwirken (Abb. 2 a. b).

Diese Schilderung wird durch Matthäus und Lukas im Wesentlichen bestätigt. Das Bild wird dabei noch etwas farbiger. Das bei Markus bereits als Ort der Herkunft Jesu genannte Nazareth wird bei Lukas zum Ort einer programmatischen Antrittspredigt, in einem ansonsten unbekannten Ort namens Naïn findet eine Totenauferweckung statt, Chorazin und Bethsaïda, offenbar am Nordufer des Sees gelegen, tauchen gemeinsam mit Kafarnaum in Drohworten Jesu auf (Abb. 3). Im Jo-

Abb. 1
Kapernaum: Regelmäßig angelegte Wohnblöcke aus dem 1. Jh. v. Chr. bis zum 6. Jh. n. Chr.

Abb. 2 a. b
Der heilige Bezirk mit Tempel und «königlicher Halle» aus herodianischer Zeit in Jerusalem (Modell im Israel Museum Jerusalem, 2010). Die Südwestecke der herodianischen Tempelplattform, von den Römern nach der Eroberung 70 n. Chr. weitgehend abgetragen und von späteren Generationen wieder aufgebaut.

hannesevangelium, das in seiner Darstellung einige Besonderheiten aufweist, spielt Galiläa als Wirkungsraum Jesu ebenfalls eine wichtige Rolle. Mit Kana wird zudem ein weiterer Ort Galiläas genannt (Abb. 4).

Die Evangelien lassen demnach den galiläischen Kontext des Wirkens Jesu in Umrissen erkennen. Es werden etliche galiläische Orte genannt, es wird erkennbar, dass die Gegend um den See offenbar ein Zentrum des Wirkens Jesu bildete und Kapernaum dabei noch einmal eine herausgehobene Rolle als derjenige Ort spielte, in dem Jesus im Haus des Petrus häufiger auftrat.

Dieses wird heute mitunter bekanntlich mit dem Wohnkomplex unter der Kirche aus dem 5. Jh. n. Chr. identifiziert, was allerdings unsicher bleibt (Abb. 5). Auch die Schilderungen von Wanderschaften Jesu in die umliegenden Gebiete der Dekapolis und die Gegend von Tyros und Sidon gehören zu den Facetten, mit denen die Evangelien das Wirken Jesu in einen konkreten geographischen und zeitlichen Rahmen stellen. Die Plausibilität derartiger Unternehmungen ist für die Zeit vor 70 n. Chr. erheblich größer als für die Situation nach dem Jüdischen Krieg, wo Derartiges kaum noch vorstellbar war. Dies weist darauf hin, dass die Evangelien das Wirken Jesu in einer historisch plausiblen Weise darstellen, es zugleich aber auch transparent auf ihre eigene Zeit hin erzählen.

Gleichwohl lassen sich aus den Evangelien – anders als etwa aus den Schriften des jüdischen Historikers Flavius Josephus – keine detaillierten Schilderungen der geographischen und politischen Verhältnisse Galiläas entnehmen. Das liegt zum einen daran, dass die Verfasser ihre Darstellungen eng am Weg und Wirken Jesu orientieren und nur die notwendigsten Erläuterungen hinzufügen. Größere Abhandlungen über die Regionen seines Wirkens sind deshalb von vornherein nicht zu erwarten. Zum anderen setzen die Evangelien offensichtlich Leser voraus, die mit den Umständen des Wirkens Jesu im Wesentlichen vertraut sind und über derartige Details nicht eigens informiert werden müssen. Die Evangelien sind deshalb als «christliche Gebrauchsliteratur» grundsätzlich von historiographischen oder geographischen Werken unterschieden, die ihre Leser über politische und landeskundliche Verhältnisse informieren wollen und wie im Fall des Josephus an Außenstehende gerichtet sind. Dies ist bei den Evangelien anders, in denen chronologische oder geographische Bemerkungen wie etwa in Lk 3,1f., wo das Auftreten Johannes des Täufers der Regierungszeit des römischen Kaisers und weiterer Herrscher zugeordnet wird, oder Mk 7,31, wo der Weg Jesu von Tyros in die Dekapolis beschrieben wird, Ausnahmen darstellen.

Unter diesen Voraussetzungen lässt sich den Evangelien entnehmen, dass Galiläa eine wichtige Region des Wirkens Jesu war. In Mk 1,39 (vgl. Mt 4,23) wird deshalb «ganz Galiläa» als Raum des Wirkens Jesu genannt:

Abb. 3
Die byzantinische Synagoge von Khorazin (2010). Die Reste des Dorfes aus der Zeit Jesu sind noch nicht sicher lokalisiert.

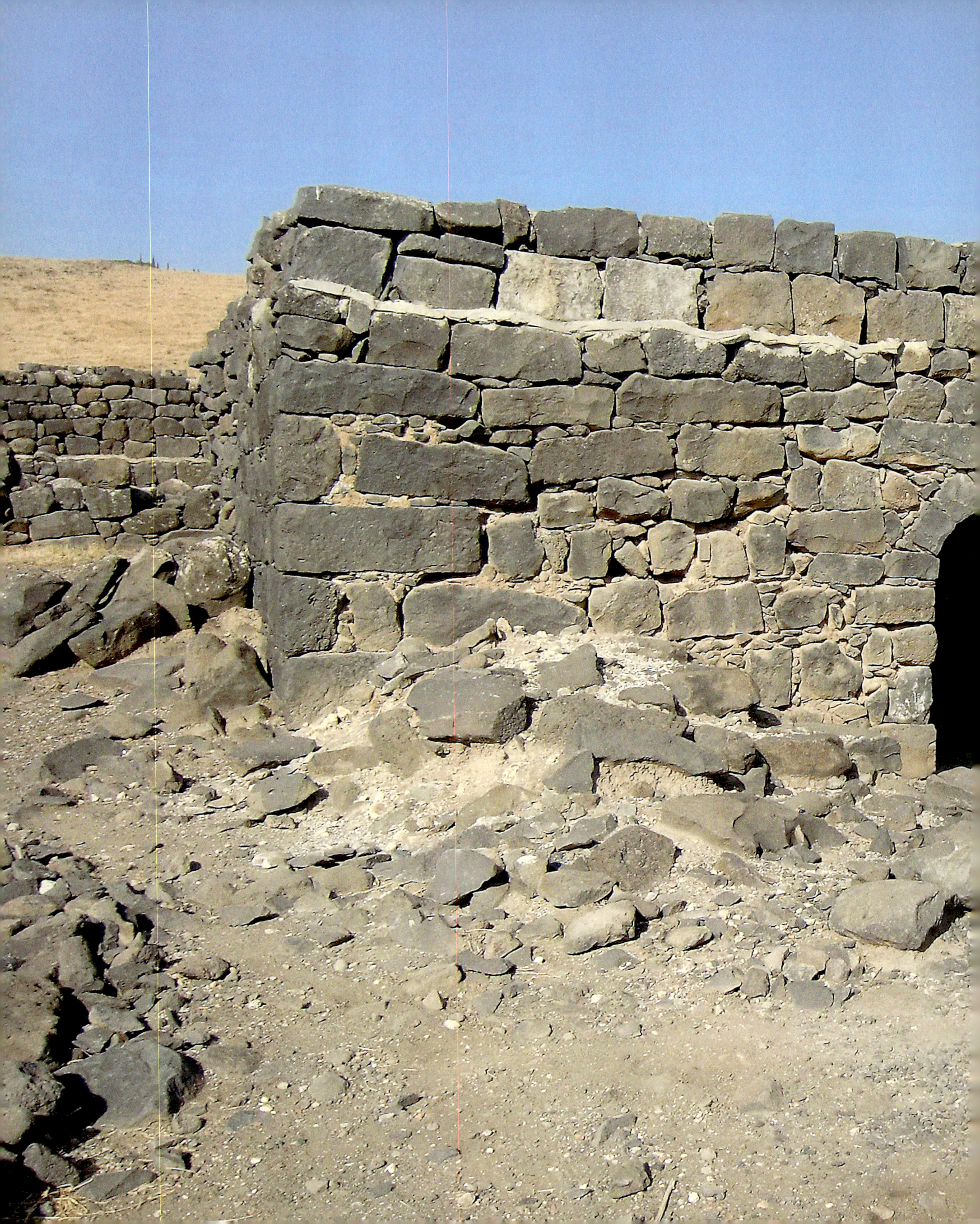

Teilrekonstruiertes Wohnhaus aus dem 7./8. Jh. n. Chr. in Khorazin (Foto: J. K. Zangenberg).

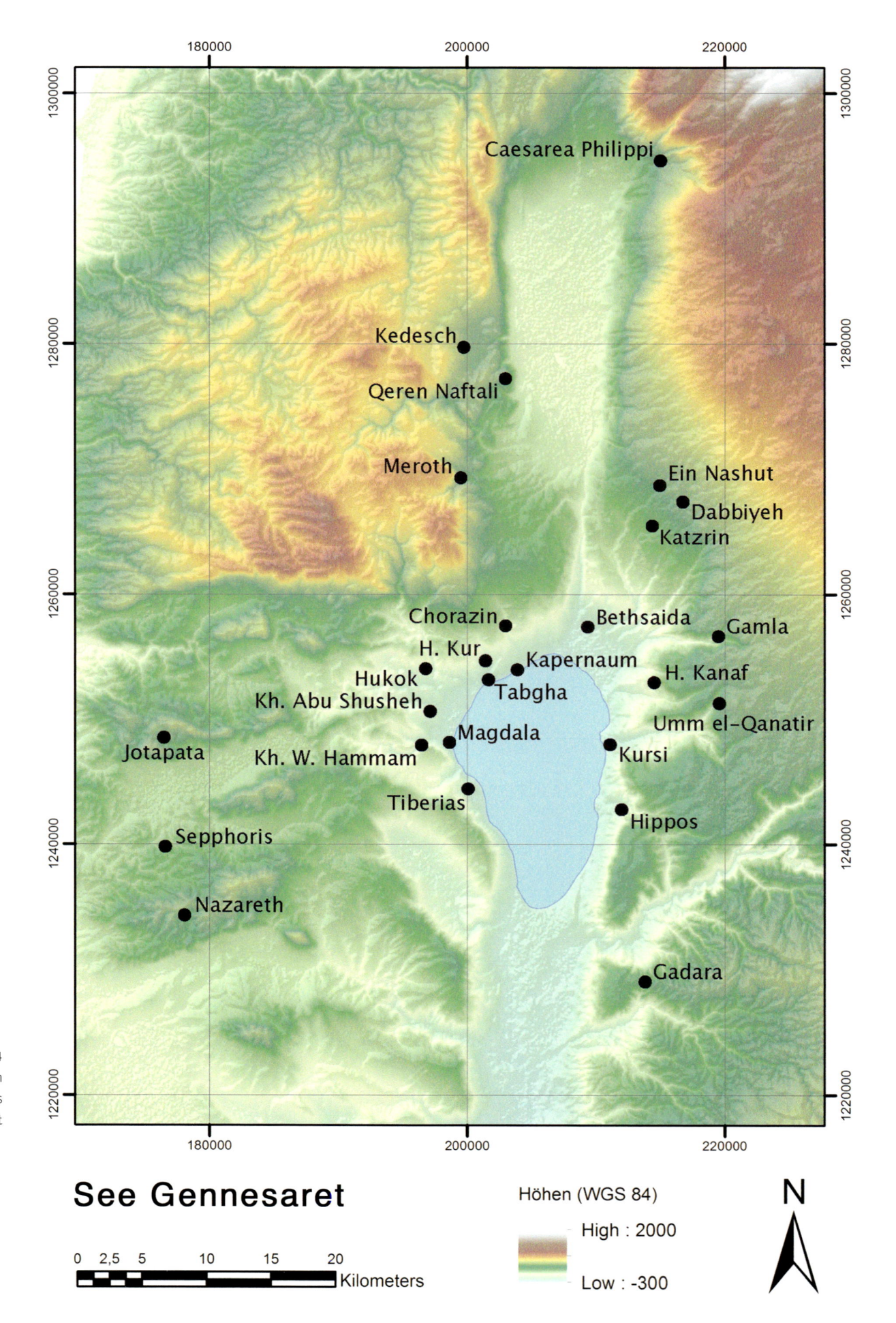

Abb. 4
Karte Ostgaliläas mit Orten
aus der hellenistischen bis
byzantinischen Zeit

See Gennesaret

Abb. 5
Kapernaum: Reste verschiedener Phasen des «Hauses des Petrus» unter einer modernen Kirche. Die regelmäßigen Mauern stammen von einer achteckigen Kirche des 6. Jhs., die darunter liegenden Reste sind älter.

«Und er kam und verkündigte in ihren Synagogen in ganz Galiläa und trieb die Dämonen aus.»

Dabei ist freilich zu bedenken, dass die Evangelien das Wirken Jesu aus späterer Perspektive und im Licht des Glaubens an Jesus als den Sohn Gottes und den Auferstandenen und Erhöhten darstellen. Ihre Darstellungen sind mehrere Jahrzehnte nach dem Auftreten Jesu entstanden, in einer Zeit, in der sich die politische Situation nicht zuletzt durch den jüdisch-römischen Krieg in den Jahren 66 bis 70 n. Chr. deutlich verändert hatte. Sie sind zudem aller Wahrscheinlichkeit nach außerhalb Palästinas verfasst, haben von Galiläa also nur indirekte Kenntnis. Schließlich sind die Evangelien aus der Perspektive des Glaubens an Jesus Christus als den Sohn Gottes verfasst, was auch die Darstellungen seines irdischen Wirkens prägt. Es ist demzufolge notwendig, zwischen der literarischen Ebene der Evangelien und der historischen Ebene des Wirkens Jesu zu unterscheiden.

Welcher Zusammenhang lässt sich unter dieser Voraussetzung zwischen der Wirksamkeit Jesu und ihrem historischen Kontext erheben? Ist ein solcher Zusammenhang überhaupt maßgeblich oder ließe sich die Botschaft Jesu auch unabhängig von ihrer Einbindung in einen konkreten politischen, sozialen, religiösen und kulturellen Kontext interpretieren? Ist Galiläa überhaupt derjenige Raum, der für die historische Kontextualisierung des Wirkens Jesu maßgeblich ist oder wäre nicht der gesamte syrisch-palästinische Raum, einschließlich der Dekapolis, der syrisch-phönizischen Küstenebene sowie Judäas und Jerusalems heranzuziehen? Geben die Evangelien überhaupt ein historisch adäquates Bild Galiläas zur Zeit Jesu zu erkennen oder sind ihre Darstellungen nicht von Glaubensüberzeugungen und späteren historischen Entwicklungen überformt? Mit diesen Fragen ist der Horizont der folgenden Ausführungen umrissen. Zunächst eine kurze Bemerkung zu Galiläa in der Jesusforschung.

In älteren Darstellungen, etwa bei Ernest Renan oder auch Gustav Dalman, spielte Galiläa als Wirkungsraum Jesu schon einmal eine Rolle, wurde dabei allerdings auf romantische Weise verklärt. Es begegnen ausführliche Naturbeschreibungen, die gelegentlich in einen Kontrast zur Unwirtlichkeit Judäas und Jerusalems gestellt werden. Dieser Gegensatz kann dann sogar auf denjenigen von Christentum und Judentum übertragen werden: Galiläa galt als Heimat des Christentums, Jerusalem dagegen als Zentrum des Jesus feindlich gesonnenen Judentums. Im 20. Jh. trat die Beschäftigung mit dem historischen Kontext Jesu dagegen zunächst merklich zurück. In den Mittelpunkt rückte stattdessen seine Verkündigung, deren Einbindung in einen konkreten geographischen und kulturellen Raum weniger bedeutsam erschien. Dabei spielte die Auffassung eine Rolle, dass es die Evangelien nicht erlauben, eine Biographie Jesu zu schreiben, weil sie sein Wirken in einen nachträglich entworfenen «Rahmen» stellen und zudem aus der Sicht des christlichen Glaubens verfasst sind.

In der neueren Jesusforschung fand die Beschäftigung mit dem historischen Kontext Jesu dagegen wieder Beachtung. Dabei geht es nicht darum, zur Romantik der Jesusromane und -biographien des 19. Jhs. zurückzukehren. Jedoch ist die Einsicht grundlegend, dass die Wirksamkeit Jesu aus ihrem konkreten historischen Kontext heraus verstanden werden muss und nicht als hiervon abgelöste, gleichsam ort- und zeitlose Verkündigung zu interpretieren ist. Es liegt auf der Hand, dass die Darstellungen der Evangelien dafür die Ausgangspunkte liefern, an denen sich eine historische Rekonstruktion zu orientieren hat. Auch wenn es sich dabei um literarische Entwürfe handelt, die nicht einfach die historische Realität abbilden, sondern das Wirken Jesu in einen chronologischen und geografischen «Rahmen» stellen, gilt zugleich, dass es sich dabei nicht um freie Erfindungen handelt, sondern um Erzählungen, die sich auf historische Informationen über Orte, Personen und konkrete Umstände des Wirkens Jesu stützen. Galiläa tritt dabei als diejenige Region in den Blick, aus der Jesus stammt und der sich wesentliche Teile seiner öffentlichen Wirksamkeit zugetragen haben.

Geht es also um die Profilierung eins historischen Bildes des Wirkens Jesu, so ist von vornherein deutlich, dass die Jesusbilder der Evangelien dazu mit den archäologischen, epigraphischen und literarischen Quellen in Beziehung zu setzen sind, die für das Galiläa zur Zeit Jesu zur Verfügung stehen.

Galiläa zur Zeit Jesu – Streiflichter

Religiöse Situation

Einer der entscheidenden Aspekte im Blick auf das für Jesus vorauszusetzende Galiläa ist seine jüdische Prägung. Das ist insofern von Bedeutung, als damit ein Bild der älteren Forschung korrigiert wird, das Galiläa als von verschiedenen kulturellen und religiösen Einflüssen geprägte Region beschrieben hatte, die einen Nährboden für die Aufnahme heidnischer Einflüsse auch bei Jesus selbst dargestellt habe. Das konnte sogar zu der These verdichtet werden, Jesus sei möglicherweise selbst gar kein Jude gewesen. Diese Sicht wurde in der neueren Forschung als unzutreffend erwiesen. Für die These eines heidnischen Galiläa lässt sich auch die Bezeichnung «Galiläa der Heiden» nicht in Anschlag bringen. Diese in Jes 8,23 zum ersten Mal vorkommende und dann in 1 Makk 5,15 sowie in Mt 4,15 aufgenommene Wendung nimmt vielmehr die Einbeziehung Galiläas in das Land Israel in den Blick und bezieht sich dabei auf die Tatsache, dass es von Fremdvölkern erobert wurde.

Für die jüdische Prägung Galiläas spricht zunächst die Geschichte der Region. Nach der Eroberung des israelitischen Nordreichs durch die Assyrer im 8. Jh. v. Chr. und der anschließenden Deportation der galiläischen Bevölkerung erfolgte offenbar, anders als in Samaria, keine Fremdansiedlung assyrischer Bewohner. Die Ausgrabungen des israelischen Archäologen Zvi Gal haben gezeigt, dass ein deutlicher Rückgang der Bevölkerung für die Zeit des 7. und 6. Jhs. v. Chr. zu verzeichnen ist. Vermutlich war Galiläa in dieser Zeit nicht einfach unbevölkert. Vielmehr wird von einer geringeren israelitisch-jüdischen Bevölkerung auszugehen sein, die in einem persisch bzw. hellenistisch geprägten Umfeld lebte, dabei jedoch ihre jüdische Identität nie aufgab.

Entscheidend aber ist, dass Galiläa in Folge der makkabäischen Besetzung am Ende des 2. Jhs. v. Chr. in das jüdische Herrschaftsgebiet einbezogen wurde, was eine deutliche Zunahme jüdischer Siedlungen zur Folge hatte, wenn auch nicht sicher ist, dass es sich dabei um mehrheitlich um Zuwanderungen aus Judäa handelte (s. dazu den Beitrag von Mordechai Aviam). Wie neuere Ausgrabungen ergeben haben, wurde spätestens am Beginn des 1. Jhs. v. Chr. auch der Hafen von Magdala gebaut und diente offenbar zur Kontrolle des Handels über den See Gennesaret (s. dazu auch den Beitrag von Marcela Zapata Meza im vorliegenden Band; Abb. 6). Die jüdische Prägung nahm demnach im 1. Jh. v. Chr. erkennbar zu und wurde in der Folgezeit auch durch die Römer respektiert, die Syrien und Palästina 64/63 v. Chr. durch Pompeius eroberten.

Die jüdischen Gebiete – Judäa, Galiläa und Peräa – bleiben unter makkabäischer Verwaltung, die anderen eroberten Gebiete – Samaria, Ituräa, die Dekapolis sowie die Küstenregion – werden dagegen vom makkabäischen Herrschaftsgebiet abgetrennt.

Herodes der Große (reg. 40–4 v. Chr.), der in den von ihm beherrschten Gebiete zahlreiche Bauvorhaben in Angriff nahm, hat sich in Galiläa nicht betätigt, so dass es hier auch nicht zum Bau von Theatern, Stadien oder gar heidnischen Tempeln kam. Auch sein Sohn Antipas (reg. 4 v. Chr.–ca. 39 n. Chr.), in dessen Herrschaftszeit über Galiläa und Peräa das Wirken Johannes des Täufers und Jesu fällt, baute ebenfalls keine heidnischen Tempel und respektierte bei seinen Münzprägungen auch das jüdische Bilderverbot. Bei den fünf Münzserien aus seiner Regierungszeit verwendete er stets pflanzliche Symbole wie Schilfrohr und Palmzweig, auch die Namenszüge ΗΡΩΔΗΣ ΤΕΤΡΑΡΧΗΣ sowie ΓΑΙΩ ΚΑΙΣΑΡΙ ΓΕΡΜΑΝΙΚΩ sind belegt. Anders als sein Bruder Philippus, Herrscher in der Gaulanitis, ließ Antipas dagegen kein Bild des Kaisers oder von sich selbst auf die Münzen prägen (Abb. 7).

Für die Wirksamkeit Jesu ist demnach davon auszugehen, dass er in einem Territorium auftrat, das aufgrund seiner Geschichte deutlich stärker jüdisch geprägt war als die umliegenden Gebiete der Dekapolis, der syro-phönizischen Küstenregion und Samarias. Auch in diesen Gegenden gab es jüdische Besiedlung, insgesamt war jedoch die religiöse und kulturelle Prägung Galiläas deutlich stärker jüdisch bestimmt als im Umland. Im Blick auf die längere Zeit geführte Diskussion über die Frage, ob es in Palästina vor dem Jahr 70 n. Chr., also so lange der Tempel existierte, überhaupt Synagogen gegeben habe, sei angemerkt, dass sich durch die archäologischen Funde in Gamla und neuerdings in Magdala eine positive Antwort nahelegen dürfte (Abb. 8). Dies würde bedeuten, dass die Evangelien nicht spätere Verhältnisse in die Zeit vor 70 n. Chr. zurückprojizieren, wenn sie Synagogengebäude erwähnen, sondern dies in historischer Hinsicht durchaus Plausibilität besitzt.

Wirtschaftliche Situation

Aus dem Gesagten ist nicht auf eine isolierte Situation Galiläas – etwa im Sinne einer jüdischen Region im pagan-hellenistischen Umfeld – zu schließen. Vielmehr war Galiläa in intensiver Weise in Handels- und Wirtschaftsbeziehungen mit den umliegenden Gebieten einbezogen. Das wird schon daran deutlich, dass wichtige Verkehrs- und Handelswege durch Galiläa führten, die

Abb. 6
Magdala: Synagoge des 1. Jhs. n. Chr. nach der Ausgrabung. Man beachte die farbig gefassten Säulen (hier durch graue Tücher geschützt) und die umlaufenden Sitzbänke (2010).

Abb. 7
Münzen des Antipas.

Abb. 8
Höckerähnlicher Stadtberg von Gamla mit Stadtmauer und (von links unten nach rechts oben) Stadttor, Synagoge und Rundturm. Blick nach Westen zum See. Alles fiel im Jahre 67 n. Chr. den Legionen Vespasians zum Opfer (2010).

die Via maris an der Küste mit der sog. Königsstraße (der späteren Via Traiana nova) im Osten verbanden (Abb. 9).

Der wirtschaftliche Austausch Galiläas mit den anderen Gegenden erfolgte etwa über den Export von Keramik, Öl, Fisch oder Schmuck. Es ist also nicht von einem kulturellen Antagonismus zwischen einem jüdischen Galiläa und einem heidnischen Umfeld auszugehen. Dagegen spricht schon, dass sich hellenistischer und römischer Einfluss in Galiläa selbst nachweisen lassen – etwa in Form von Theatern, Bäderkomplexen, Villen mit Fußbodenmosaiken, Theatern, griechischen Inschriften usw. Handelsbeziehungen werden durch Funde tyrischer Münzen in Ober- und Untergaliläa sowie durch in Galiläa – vornehmlich in Kfar Hanania – hergestellte Keramik in Küstenstädten wie Akko und Caesarea belegt (Abb. 10 a. b).

Zur Schaffung günstiger wirtschaftlicher Rahmenbedingungen gehörte der Wiederaufbau von Sepphoris, das im Zuge der sog. Räuberkriege nach dem Tod Herodes d. Gr. 4 v. Chr. zerstört worden war und von Antipas wieder aufgebaut und «Autokratoris» genannt wurde. Josephus nennt es «Zierde ganz Galiläas» (*Antiquitates Iudaicae* 18, 27; Abb. 11). Im Jahr 18 n. Chr. erbaute Antipas eine weitere Stadt am See Gennesaret, die er nach dem römischen Kaiser Tiberius «Tiberias» nannte und in die er seine Residenz verlegte.

Beide Städte wurden nach dem Modell hellenistisch-römischer Städte angelegt: Die Städte sind nach dem gängigen Straßensystem mit cardo und decumanus angelegt, hatten Theater – wenngleich bei demjenigen in Sepphoris nicht sicher ist, ob es aus der Zeit des Antipas stammt oder erst im späteren 1. Jahrhundert gebaut wurde (s. a. den Beitrag von Mordechai Aviam im vorliegenden Band). Sepphoris hatte eine Ober- und Unterstadt mit je einer Agora und einer imposanten Basilika auf der unteren Agora, Tiberias war als hellenistische Polis (πόλις, Stadt) mit Bule (βουλή, Rat) und Archon (ἄρχων, oberster Beamter) strukturiert, hier ließ sich Antipas zudem einen Palast als Residenz bauen. Die neueren Ausgrabungen konzentrieren sich auf den Basilikakomplex mit Marmorpflasterung, den Marktplatz sowie ein Badehaus (Abb. 12).

Antipas hat also offensichtlich ein Wirtschaftsprogramm ins Leben gerufen, das Galiläa einen Aufschwung bescherte und für das der Wiederaufbau von Sepphoris und die Neugründung von Tiberias exemplarisch stehen. Vor dem Hintergrund der neueren Ausgrabungen wäre hier auch Magdala zu nennen, das ebenfalls eine hellenistische Prägung aufwies und dessen urbane Prägung offenbar deutlich früher eingesetzt hat als diejenige von Sepphoris und Tiberias. Allerdings sind die galiläi-

Abb. 9
Gepflasterte Straße in Sepphoris mit Wagenspuren.

schen Poleis mit den hellenistischen Städten der umliegenden Gebiete nur in Grenzen vergleichbar. Schon die Bevölkerungszahl – die Schätzungen gehen von Zahlen zwischen 6000 und 12 000 Einwohnern aus – war nur etwa halb so groß wie diejenige der Städte in der Dekapolis oder an der Küste. Dementsprechend war auch die urbane Prägung geringer. Des Weiteren ist davon auszugehen, dass die Bevölkerung zu einem nicht unwesentlichen Teil aus jüdischen Einwohnern bestand. Tiberias stellt dabei insofern einen gewissen Sonderfall dar, weil Antipas die Stadt auf einem jüdischen Friedhof hatte erbauen lassen und sie deshalb für Juden zumindest theoretisch unreines Gebiet war.

Innerhalb Galiläas ist noch einmal zwischen dem Untergaliläa, dem Gebiet um den See und dem bergigen Obergaliläa im Norden zu unterscheiden. Die Gegend um den See war, wie schon Josephus heraushebt, fruchtbares Land und bot zudem durch den Fischfang im See gute Erwerbsmöglichkeiten. Zu den geographischen Spezifika gehört auch, dass die Einbindung in das Netz der Handelsstraßen über Sepphoris und Tiberias verlief und auch die Gegend am See einbezog, wogegen Obergaliläa daran nicht unmittelbar angeschlossen war. Das kommt etwa auch darin zum Ausdruck, dass in Obergaliläa ein größerer Anteil aramäischer und hebräischer Inschriften gefunden wurde als in Untergaliläa. Von daher kann für Obergaliläa eine etwas andere Situation angenommen werden als für die anderen Teile Galiläas.

Schließlich ist darauf hinzuweisen, dass mit den wirtschaftlichen Prozessen im Galiläa unter Antipas auch die Zunahme von Spannungen zwischen den Städten und

Jesus der Galiläer | 51

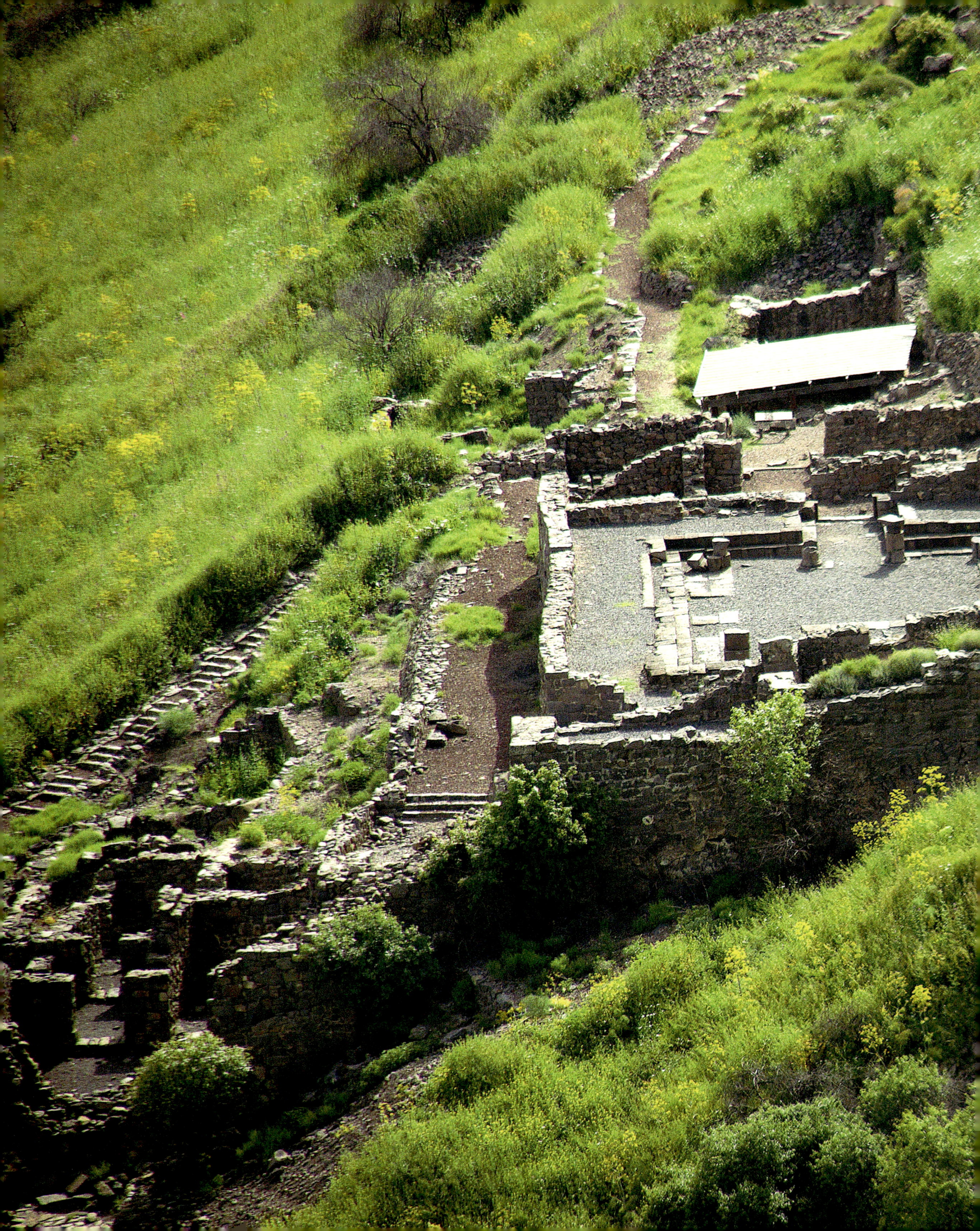

Blick auf Ruinen von Gamla
(Foto: Israel Tourism).

Abb. 10 a. b
Der Hafen von Caesarea am Meer, das Ausfallstor Palästinas in die Welt des Mittelmeers. Das Hafenbecken von Caesarea am Meer von See aus. Quer durch die Bildmitte läuft die Mole aus herodianischer Zeit, darüber erheben sich die Tonnengewölbe geräumiger Lagerhallen und die Substruktionen des herodianischen Augustustempels, der später durch eine byzantinische Kirche ersetzt wurde. Vor der Mole befinden sich byzantinische Baureste in dem immer mehr verlandenden Hafenbecken.

Abb. 11
Das Theater von Sepphoris. Die älteste Phase stammt entweder aus der Zeit des Antipas oder dem späten 1. Jh. n. Chr. (2010).

Abb. 12
Tiberias: Reste eines luxuriösen Fußbodens unter einer großen byzantinischen Villa. Teil des Palastes von Herodes Antipas? (2005).

ihrem Umfeld zu konstatieren ist. Entsprechend dem antiken Stadt-Land-Modell waren landwirtschaftliche Güter im Umfeld von Städten von den dort lebenden Eliten abhängig. Ein zunehmend repressives Steuern- und Abgabensystem traf natürlich zuerst die kleinen Betriebe im galiläischen Umland, die von Verarmung und Verlust ihrer Einnahmequellen bedroht waren. Ein solches Gegenüber von wohlhabenden, eher in den Städten lebenden Eliten und ärmeren Landbewohnern ist auch für das Galiläa des Antipas anzunehmen. Von einer grundlegenden «Mentalitätsdistanz» zwischen Stadt und Land ist dabei allerdings kaum auszugehen, denn ein derartiger Antagonismus lässt sich für Galiläa schwerlich wahrscheinlich machen. Eher ist mit gewissen kulturellen, wirtschaftlichen und sozialen Ausdifferenzierungen im Gegenüber von Städten und Dörfern zu rechnen.

Politische Situation

Damit treten bereits die politischen Verhältnisse in den Blick. Hier ist zunächst darauf hinzuweisen, dass Galiläa, anders als Judäa, nicht unmittelbar unter römischer Herrschaft stand und auch nicht von römischem Militär besetzt war. Vielmehr hatte Antipas das Land von Rom gepachtet und war dafür tributpflichtig. Die Steuern, die er eintrieb, waren demnach Abgaben, die von der jüdischen Bevölkerung an ihn entrichtet werden mussten, damit er seinen Verpflichtungen Rom gegenüber nach-

Jesus der Galiläer | 55

kommen konnte. Es liegt auf der Hand, dass dies Steuereintreiber – die «Zöllner» der Evangelien – zu einer im Volk nicht gerade beliebten Gruppe machte.

Des Weiteren ist zu beachten, dass für die Zeit des Antipas keine Revolten oder politischen Unruhen belegt sind. Galiläische Aufstände gab es im Zusammenhang der Neuordnung der politischen Machtverhältnisse nach dem Tod Herodes des Großen 4 v. Chr., dann wieder im Zusammenhang des jüdisch-römischen Krieges in den Jahren 66 bis 70 n. Chr. Die Regierungszeit des Antipas scheint dagegen eine vergleichsweise ruhige Periode gewesen zu sein. Das ist insofern nicht erstaunlich, als sich Antipas um Loyalität den Juden in seinem Herrschaftsgebiet gegenüber bemühte und Provokationen vermied. So berichten etwa Josephus und Lukas davon, dass Antipas zu jüdischen Festen in Jerusalem weilte. Josephus, der Antipas gegenüber eigentlich negativ eingestellt ist und ihn als grausamen Herrscher aus dem herodianischen Geschlecht präsentieren möchte, kann gleichwohl keine eindeutigen Belege dafür anführen. Zwar geht aus dem Bericht über die Verhaftung und Enthauptung Johannes des Täufers hervor, dass Antipas gegen politisch unliebsame Personen in seinem Herrschaftsgebiet mit Härte durchgreifen konnte, daraus lässt sich jedoch keine Situation genereller politischer Unruhe oder gar Instabilität konstruieren.

Gelegentlich wird darauf verwiesen, dass Judas der Galiläer an judäischen Aufständen gegen die römische Besatzung in den 40er Jahren beteiligt war, dass Lk 6,15 und Apg 1,13 zufolge Simon, einer aus dem Zwölferkreis, den Beinamen «Zelot» trug und in Lk 13,1 von einem Blutbad die Rede ist, das Pilatus unter Galiläern anrichten ließ, deren Blut er mit demjenigen von Opfertieren vermischte. Daraus kann freilich nicht auf eine aufrührerische Gesinnung der galiläischen Bevölkerung geschlossen werden. Eher sprechen diese Hinweise dafür, dass aus dem Judentum Galiläas aufgrund seiner konsequenten Ausrichtung an den jüdischen Traditionen auch radikale Vertreter hervorgehen konnten, die sich an Aufständen gegen die römische Besatzungsmacht in Judäa beteiligten.

Von einer politisch instabilen Situation und tiefen strukturellen Spannungen wird man deshalb für das Galiläa der Zeit Jesu kaum sprechen können. Eher ist von einer vergleichsweise stabilen Lage auszugehen, die freilich von sozialen Spannungen nicht frei war. Markant ist jedoch, dass sich diese nicht in sozial oder politisch motivierten Aufständen entluden.

Der Anbruch des Gottesreiches in Galiläa

Galiläa im Kontext der Jesusverkündigung

Wie lässt sich das Wirken Jesu in die skizzierte Situation Galiläas einzeichnen? Die erste Frage, die sich dabei stellt, lautet: Warum hat Jesus überhaupt in Galiläa mit seiner öffentlichen Wirksamkeit begonnen? Eine naheliegende Antwort könnte lauten: Jesus ist nach seinem Aufenthalt bei Johannes dem Täufer am Jordan in diejenige Region zurückgekehrt, aus der er stammte. Dass dies für eine Erklärung allein jedoch nicht ausreicht, zeigt sich sofort, wenn man darauf achtet, dass Jesus seine Wirksamkeit keineswegs auf Galiläa beschränkte, sondern die angrenzenden Gebiete ebenso aufsuchte wie dann auch Samaria und Jerusalem. Zum anderen zeigt die von ihm gewählte Existenzweise, dass er gerade nicht an einen speziellen Ort zurückkehrte – etwa in seine Heimatstadt Nazareth – sondern das Umherziehen als Wanderprediger offensichtlich einen konstitutiven Bestandteil seines Wirkens bildete. Das programmatische Wort vom Menschensohn, der – anders als sogar die Tiere – keinen Ort zum Ausruhen hat (Lk 9,58/Mt 8,20), bringt dies deutlich zur Sprache:

> «Die Füchse haben Höhlen und die Vögel des Himmels haben Nester; aber der Menschensohn hat keinen Ort, um sein Haupt hinzulegen.»

Wenn Jesus nach Galiläa kommt, um hier seine Wirksamkeit beginnen zu lassen, stellt dies deshalb vor allem einen deutlichen Kontrast zu Johannes dar, der an einem festen Ort in der Wüste auftrat und die Menschen mit der Zeichenhandlung des Untertauchens im Jordan vor dem kommenden Zorn Gottes versiegelte. Dieses Auftreten in der Wüste kann als prophetisches Wirken interpretiert werden, das auf eine Erneuerung Israels aus der Gruppe der Umkehrwilligen, von Johannes Versiegelten bezogen ist.

Im Gegensatz dazu ist das Auftreten Jesu auf Galiläa und weitere Teile des zu Israel in seiner idealen Größe gehörenden Gebietes gerichtet. Die in Mk 3,7f. aufgezählten Regionen, aus denen Menschen zu Jesus kommen, umreißen etwa dasjenige Gebiet, das Israel als ihm von Gott verheißenes Land betrachtete:

> «Und Jesus zog sich mit seinen Jüngern zurück an den See und eine große Menge folgte aus Galiläa und aus Judäa und aus Jerusalem und aus Idumäa und von jenseits des Jordans und aus der Gegend um Tyrus und Sidon eine große Menge.»

Unabhängig von der Frage, ob Israel in den Grenzen des Zwölf-Stämme-Gebietes jemals existiert hat, ist deutlich, dass die Hoffnung darauf durch die makkabäischen Eroberungen im 2. Jh. v. Chr. Auftrieb erhalten hatte. Dies kann deshalb auch für das Wirken Jesu vorausgesetzt werden. Die Aufnahme prophetischer Weissagungen über das Wirken Gottes am Ende der Zeit lässt sich ebenso vor diesem Hintergrund verstehen wie die Interpretation des Wirkens Jesu mit Hilfe der Vorstellung des Gesalbten Gottes, der die Herrschaft Davids antreten und über Israel herrschen wird. Eine solche Deutung des Wirkens Jesu kommt sowohl in den Interpretationen seiner Heilungen mit Hilfe prophetischer Weissagungen (vgl. Lk 7,22/Mt 11,5; Mk 7,37) als auch in der Darstellung seines Einzugs in Jerusalem als eines Geschehens, das von der Menge als Aufrichtung der Herrschaft Davids gefeiert wird, zum Ausdruck.

Die in den Evangelien geschilderten Wanderungen Jesu in die an Galiläa angrenzenden Gebiete sind deshalb nicht einfach als literarische Verknüpfung des Beginns der Heidenmission mit dem Wirken Jesu aufzufassen, sondern eher als Reflex der Ausrichtung des Wirkens Jesu auf «ganz Israel» zu verstehen. Diese Interpretation wird dadurch unterstützt, dass auch in den an Galiläa angrenzenden Regionen Juden lebten und es deshalb einige Wahrscheinlichkeit für sich hat, dass Jesus diese aufsuchen wollte und nicht den Kontakt zu Heiden suchte. Die Erzählung von der syro-phönizischen Frau, die Jesus erst mühsam davon überzeugen muss, ihre Tochter zu heilen, obwohl sie keine Israelitin ist, könnte diese Annahme auf ihre Weise stützen. Galiläa ist demnach für Jesus als Teil des Landes Israel zu demjenigen Raum gehörig, auf den sich sein Wirken erstreckte.

Facetten des Wirkens Jesu in Galiläa

Im Zentrum des Wirkens Jesu steht die Ansage der in seinem Wirken anbrechenden Herrschaft Gottes. Dazu gehört in zentraler Weise die Gründung eines Kreises von zwölf Begleitern als derjenigen Gemeinschaft, die an seinem Wirken unmittelbar beteiligt war. Dies ist offenbar eine weitere Zeichenhandlung, insofern diese Zwölf den Kern des zu erneuernden Israels bilden, das Adressat des Wirkens Jesu darstellt. Wie die Berufungsgeschichten der Evangelien zeigen, handelt es sich bei diesen in die Nachfolge Berufenen nicht um besonders arme und bedürftige Menschen, sondern um solche mit einem durchschnittlichen Einkommen. Es sind Fischer vom See Gennesaret, die dort sogar kleinere Unternehmen haben wie etwa Zebedäus, der mehrere Boote hat und Tagelöhner beschäftigt. Das könnte durch das 1986 auf dem Grund des Sees Gennesaret entdeckte Boot bestätigt werden, das eine erstaunliche Größe aufweist und auf den einträglichen Fischfang hinweisen könnte.

Der Grund für die Wahl solcher Nachfolger könnte darin liegen, dass der Verzicht auf familiäre und berufliche Bindungen zugunsten einer Existenz für die Gottesherrschaft zum Kennzeichen der Nachfolge gehörte. An diese Nachfolger könnte deshalb die Aufforderung, sich nicht um Nahrung und Kleidung zu sorgen, sondern dies Gott zu überlassen, der sich selbst um die Spatzen und die Lilien auf dem Feld kümmert, gerichtet sein.

Dieser engste Kreis der Nachfolger hatte offenbar buchstäblich «alles verlassen», wie es Petrus in Mk 10,28 formuliert, um in der Gemeinschaft mit Jesus eine neue Lebensform zu finden. Dafür spricht auch, dass diese offenbar nachösterlich fortgesetzt wurde, wie man etwa Notizen der Paulusbriefe und der Darstellung der Apostelgeschichte entnehmen kann, wo ebenfalls wandernde Apostel begegnen und Petrus als Missionar an den Küstenorten Lydda, Joppe und Caesarea auftaucht. Deutlich ist freilich auch, dass daneben Leitungsaufgaben in den Gemeinden traten, die eine Kontinuität vor Ort verlangten. Am Ursprung des Wirkens Jesu besteht eine solche Notwendigkeit dagegen noch nicht, denn hier geht es zunächst nicht um die Gründung eigener Gemeinschaften, sondern darum, Menschen mit der Botschaft vom anbrechenden Gottesreich zu konfrontieren und sie zur Umkehr und zur Annahme dieser Botschaft zu bewegen.

Neben diesem engsten Kreis der Begleiter Jesu hat es offenbar weitere Sympathisanten gegeben, die sich der Beteiligung am Wirken Jesu zeitweilig anschlossen und für die Beziehungen zwischen den galiläischen Dörfern sorgten. An diese könnten die Anweisungen aus den synoptischen Aussendungsreden gerichtet sein, in denen dazu aufgefordert wird, auf Proviant und jegliche Reiseausrüstung zu verzichten.

Die politischen und sozialen Implikationen des Wirkens Jesu sind nur indirekter Natur. Es gibt dagegen keinen Hinweis darauf, dass er sich unmittelbar zu politischen Verhältnissen geäußert hat, etwa indem er etwa Machthaber und soziale Zustände kritisiert hätte. Zu einer direkten Begegnung zwischen Jesus und Antipas

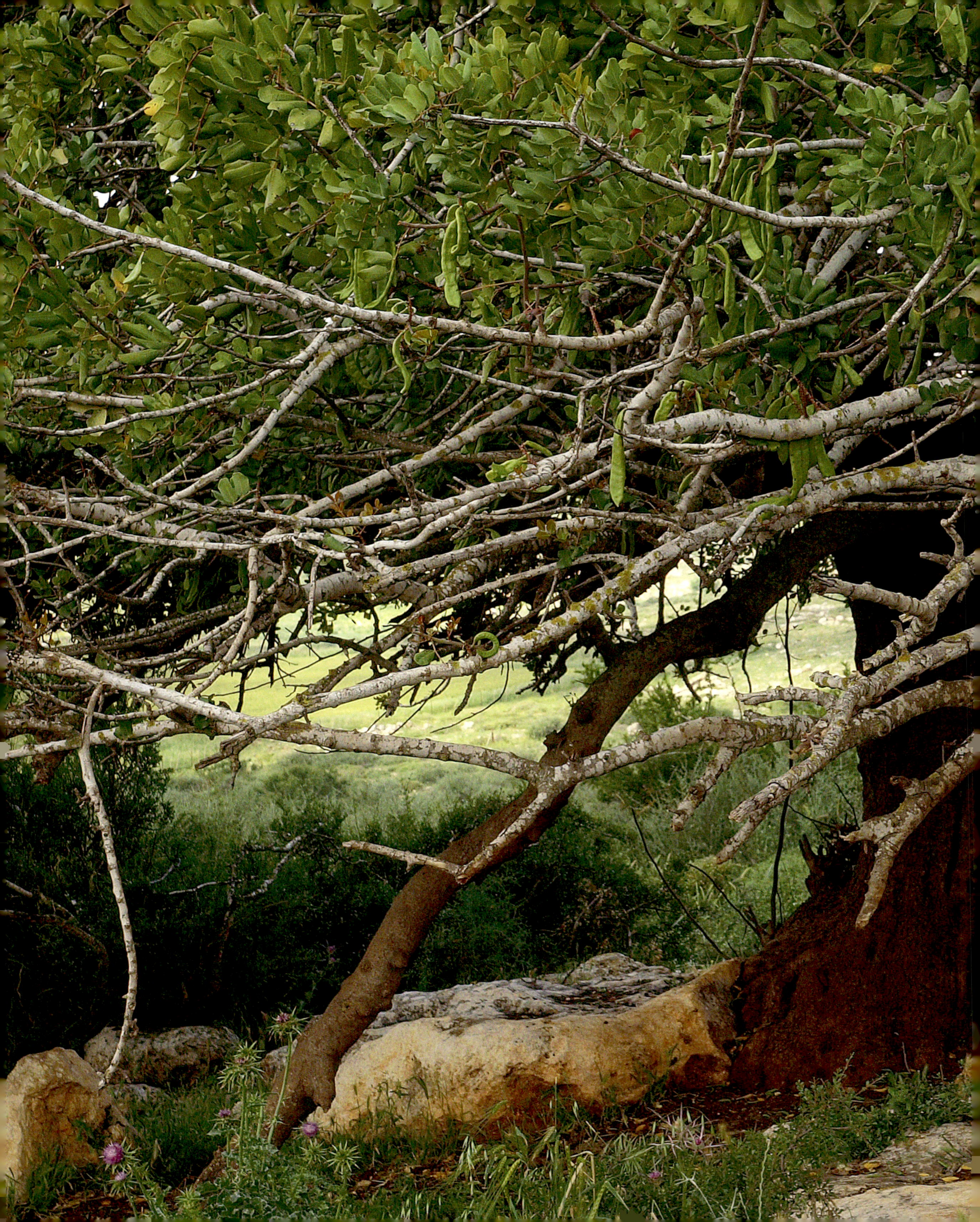

Johannesbrotbaum
(Foto: Israel Tourism)

scheint es niemals gekommen zu sein. Ein naheliegender Grund hierfür könnte sein, dass er die Residenz Tiberias offenbar niemals aufgesucht hat, die deshalb auch in den Evangelien nur beiläufig erwähnt wird (die Nennung in Joh 6,23 sowie die Bezeichnungen des Sees Gennesaret als «See von Tiberias» in 6,1; 21,1 können hier vernachlässigt werden). Dasselbe trifft für Sepphoris zu, was vor allem deshalb erstaunt, weil es sich in unmittelbarer Nähe zu Nazareth befand.

Über die Gründe hierfür ist schon häufig spekuliert worden. Als mögliche Erklärungen wurden die kulturelle Differenz zu den Dörfern Galiläas, ein möglicher Misserfolg Jesu in diesen Städten oder die von Antipas ausgehende Gefahr genannt. Die Frage relativiert sich allerdings, wenn man in Betracht zieht, dass die neueren Ausgrabungen in Magdala für eine Stadt hellenistischer Prägung am Westufer des Sees sprechen, die sich von dem einige Kilometerweiter südlich gelegenen Tiberias vermutlich gar nicht so grundlegend unterschieden hat. Dieser Ort wird in den Evangelien ausschließlich als Herkunftsort von Maria, die offenbar zum Kreis um Jesus gehörte, genannt, jedoch nie als Aufenthaltsort Jesu selbst. Es wäre deshalb zu fragen, ob der Nichterwähnung von Sepphoris und Tiberias in den Evangelien überhaupt eine derart grundlegende Bedeutung zukommt, wie mitunter angenommen.

Der einzige Text, der von einer indirekten Konfrontation zwischen Jesus und Antipas berichtet, findet sich in Lk 13,31-33. Jesus wird hier von den Pharisäern vor Antipas gewarnt, der ihn töten wolle, woraufhin Jesus ihm ausrichten lässt, er werde seinen Auftrag erfüllen, woran ihn auch der unbedeutende «Fuchs» Antipas nicht hindern könne. Diese Szene ist insofern charakteristisch als sie erkennen lässt, dass Jesus und Antipas offenbar auf unterschiedlichen Ebenen agieren und Jesus die politische Welt des Antipas nicht als Referenzrahmen seines eigenen Wirkens betrachtet.

Inhalt und Adressaten des Wirkens Jesu

Der Inhalt der Botschaft Jesu – der Anbruch der Herrschaft Gottes in seinem Wirken – lässt sich weiter konkretisieren. Es geht Jesus offensichtlich darum, die Hoffnungen auf ein Heilshandeln Gottes am Ende der Zeit, wie sie in den Schriften Israels zum Ausdruck kommen, aufzugreifen und auf seine Zeit und sein Wirken zu beziehen. Darum werden in besonderer Weise diejenigen zu Adressaten seines Wirkens, die am Rand der Gesellschaft stehen. Zum Ausdruck kommt das etwa in den Seligpreisungen der Armen, in den Heilungen Kranker und Besessener, in den Gleichnissen vom Verlorenen oder in den Mahlgemeinschaften mit Zöllnern und Sündern. Das ist nicht primär als Widerstand gegen die soziale Ordnung verstanden, sondern als Erfahrbarkeit der Barmherzigkeit Gottes, die sich gerade auf diesen Gruppen bezieht. Dass sich damit auch politische und soziale Implikationen verbinden, liegt auf der Hand, denn die Armen, Kranken und Verachteten, denen er begegnete, waren eben diejenigen, die in der galiläischen Lebenswirklichkeit zu den Verlierern wirtschaftlicher und sozialer Verhältnisse gehörten. Konkret wird das etwa bei der Erwähnung von «Zöllnern», die zum Herrschaftssystem des Antipas gehörten, oder bei den Krankenheilungen, die an Menschen vollzogen wurden, denen Jesus in Galiläa begegnete. Entscheidend ist jedoch, dass die Motivation des Wirkens Jesu nicht der Widerspruch gegen die Herrschaft des Antipas, dessen Abhängigkeit von Rom oder die Verhältnisse in Galiläa ist, sondern die Verwirklichung des Heilshandelns Gottes, wie es in der israelitisch-jüdischen Tradition geweissagt wird.

Das lässt sich anhand der in Lk 15 geschilderten Situation und Rede Jesu verdeutlichen. Diese von Lukas entworfene Szene lässt Rückschlüsse auf die Ausrichtung des Wirkens Jesu zu, die sich auch in historischer Hinsicht fruchtbar machen lassen. Ausgangspunkt ist die Mahlgemeinschaft Jesu mit Zöllnern und Sündern, an der die Pharisäer und Schriftgelehrten Anstoß nehmen. Offenbar setzt Lukas also – wie auch die anderen Evangelisten – die Existenz von Pharisäern in Galiläa voraus. Davon kann vermutlich ausgegangen werden, da sich die Pharisäer als Laienbewegung um Einfluss im Volk bemühten und deshalb auch durchaus im jüdisch geprägten Galiläa gewirkt haben können. Schriftgelehrte, also torakundige Ausleger der Schriften Israels, dürfe es in Galiläa ebenfalls gegeben haben, zumal sie in den Synagogengottesdiensten Funktionen übernommen haben dürften. Dass Jesus mit ihnen in Konflikt gerät, dürfte darauf hindeuten, dass seine Zuwendung zu Zöllnern und Sündern die Reinheitsvorstellung der Pharisäer konterkarierte. Vermutlich lässt sich Jesus in die Tradition der prophetischen Kritik an von Opfer- und Reinheitsvorstellungen einordnen, die kein Ausdruck einer tatsächlichen Gesinnung sind und damit zu bloß äußerlichen Ritualen verkommen. Ob dies die Haltung der auf diese Weise Kritisierten tatsächlich trifft, steht dahin.

In der Antwort Jesu, die aus drei Gleichnissen vom Verlorenen besteht, wird die Kritik der Pharisäer und Schriftgelehrten mit dem Verweis auf die Freude im Himmel über die umkehrwilligen Sünder und die Bereitschaft Gottes, sich um die für sein Reich Verlorenen zu kümmern, zurückgewiesen. So werden der Verlust eines einzelnen Schafes, für das der Hirte die gesamte Herde sich selbst überlässt, und derjenige einer Drachme, für den eine Frau ihr ganzes Haus durchsucht, zum Bild für das Verlorensein eines Sünders und die Sorge Gottes, diesen zurückzugewinnen. Das Gleichnis vom Vater und seinen beiden Söhnen veranschaulicht die Freude Gottes über den umkehrenden Sünder. Die in Lukas 15 entworfene Mahlszene – zweifellos ein literarisches Produkt des Verfassers – wird damit zu einem anschaulichen Beispiel für die mit den Mahlgemeinschaften Jesu verbundene Intention.

Die Bildwelt der Gleichnisse Jesu

In den Gleichnissen Jesu spiegelt sich die galiläische Lebenswelt in mannigfaltiger Weise wider. So kann das Gottesreich mit den Bildern von Aussaat, Wachstum und Ernte verdeutlicht werden, was auf den ländlichen Kontext Galiläas verweist. Die Welt der Landarbeit und der «kleinen Leute» wird erkennbar, wenn das Finden eines Schatzes zum Bild für die Freude über das Gottesreich wird oder der Kontrast zwischen dem kleinen Senfkorn und der großen Pflanze, gemeinsam mit dem den ganzen Teig durchsäuernden Sauerteig die Durchsetzung der Gottesherrschaft illustriert. Es treten aber auch reiche Landbesitzer und Verwalter in den Blick, Schuldverhältnisse und Herren, die ihre Sklaven hart behandeln. Auch die Situation eines Weinbergbesitzers, der auf dem Markt nach Taglöhnern Ausschau hält, die er für einen Tag einstellen kann, ist aus der Lebenswelt der Menschen Galiläas gegriffen und konfrontiert sie im Gleichnis von den Arbeitern im Weinberg mit einem Herrn, der nach ganz anderen Maßstäben entlohnt, als sie es von einem «gerechten» Herrn erwarten würden.

Etwas näher illustriert sei die Bildwelt am Gleichnis von den bösen Winzern (Mk 12,1–12), das einen spezifischen sozialgeschichtlichen Hintergrund besitzt. Ein Weinbergbesitzer verpachtet seinen Weinberg und geht außer Landes. Zur Zeit der Ernte sendet er Boten, um den ihm zustehenden Anteil am Ertrag einholen zu lassen. Die Pächter erschlagen jedoch zunächst diese Abgesandten, schließlich auch den Sohn des Besitzers. Das Gleichnis endet mit der rhetorischen Frage, was der Besitzer wohl anderes tun werde als den Weinberg anderen Pächtern anzuvertrauen.

In neuerer Zeit ist erwogen worden, ob das Gleichnis ursprünglich auf eine Kritik an sozialen Verhältnissen wirtschaftlichen Abhängigkeiten in Galiläa zielte. Es könne, so die Argumentation, eine Werteordnung infrage stellen, die am Gegenüber von Landbesitzern und von ihnen abhängigen Pächtern zielte und als Warnung gemeint sein, dass das Vertrauen auf derartige Strukturen zum Verlust des eigenen Besitzes und sogar des eigenen Sohnes führen könne. Das Gleichnis wäre demnach in den synoptischen Evangelien – im Thomasevangelium ist es etwas anders – gegen seine ursprüngliche Intention interpretiert worden, indem nunmehr Gott als Weinbergbesitzer, Israel als Weinberg und der gesandte Sohn als Jesus erscheinen.

Unabhängig von der Frage, ob diese Interpretation plausibel ist, rekurriert das Gleichnis auf einen sozialgeschichtlichen Kontext, der einen interessanten Einblick in das Galiläa zur Zeit Jesu liefert. Wie Martin Hengel bereits vor längerer Zeit herausgestellt hatte und John Kloppenborg kürzlich noch einmal untermauert hat, kann anhand vor allem von Papyri zu ökonomischen und sozialen Verhältnissen erschlossen werden, dass es eine Situation voraussetzt, in der ein wohlhabender Mensch ein Landgut in Galiläa besitzt und selbst außerhalb Galiläas, offenbar in einer größeren Stadt, lebt. Die Zenonpapyri, die Sammlung einer Korrespondenz des ptolemäischen Verwaltungsbeamten Zenon aus dem 3. Jh. v. Chr., werfen ein interessantes Licht auf dieses Gleichnis, indem sie die Reise Zenons durch Palästina im Jahr 259 v. Chr. dokumentieren, bei der er auch ein galiläisches Weingut aufsucht und sich über die Erträge informieren lässt. In einem anderen Papyrus berichtet Zenon über die Schwierigkeiten beim Eintreiben von Schulden, die er durch seinen Beauftragten eintreiben lassen wollte, gegen den die Schuldner jedoch handgreiflich geworden seien. Das Gleichnis lässt sich demnach plausibel in den Kontext galiläischer Lebensverhältnisse einordnen. Es wirft ein Bild darauf, in welcher wirtschaftlichen und rechtlichen Situation sich Menschen, die Weinberge gepachtet hatten, befanden und welche Konflikte sich bei der Eintreibung allfälliger Abgaben ergeben konnten. Im synoptischen Kontext – und vermutlich schon auf der Ebene Jesu – diente das Gleichnis vermutlich als Warnung an die jüdischen Autoritäten vor der Feindschaft gegen Jesus als den Gesandten Gottes: Wenn sie Jesus gegenüber feindselig verhalten, haben sie ihren Führungsanspruch auf Israel verwirkt und werden durch andere ersetzt werden.

Die Gleichnisse Jesu lassen demnach Merkmale der galiläischen Lebenswelt erkennen, in die er seine Verkündigung kleidete. Dabei werden auch Unterschiede zwischen den Evangelien erkennbar. Für Lukas ist offenbar der Kontext von Menschen, die Güter besitzen, Personal befehligen und Gastmähler ausrichten wichtiger als für Matthäus, der stärker an der Perspektive durchschnittlicher oder ärmerer Menschen orientiert ist. Durchgängig ist aber zu konstatieren, dass die Welt der Gleichnisse Jesu die Grundlage bildet und mit derjenigen der Evangelisten verknüpft wird.

Fazit

Wie lassen sich die Wirksamkeit Jesu und die Lebenswirklichkeit Galiläas zueinander ins Verhältnis setzen? Zunächst ist deutlich, dass das Auftreten Jesu in diesen spezifischen Kontext gehört und aus diesem heraus verständlich gemacht werden muss. Dagegen ist es wenig hilfreich, auf vermeintliche Strukturen des gesamten Mittelmeerraumes zu verweisen oder das Wirken Jesu ganz aus seiner historischen Konkretion herauszulösen. Deutlich ist aber auch, dass die Botschaft Jesu nur in einem indirekten Verhältnis zur politischen und sozialen Ordnung Galiläas steht. Jesus nimmt nirgendwo direkt zu diesen Verhältnissen Stellung, sondern konfrontiert die Lebenswelt der Menschen in seiner Umgebung mit der Ordnung Gottes. Darin liegt insofern politischer und sozialer Sprengstoff, als auf diese Weise die Ordnung des Antipas und Roms mit der Ordnung Gottes und seinem Anspruch auf das Land konfrontiert wurde. Als Gesprächspartner und Gegner Jesu treten deshalb vor allem Vertreter des Judentums in den Blick. Mit ihnen disputiert Jesus über das rechte Verständnis der Tora und gerät mit ihnen angesichts des Anspruchs, den er mit seinem Wirken verbindet, in Konflikt.

Festzustellen ist weiter, dass sich die Verhältnisse in Galiläa offenbar nicht grundlegend von denen der umliegenden Regionen unterschieden. Zwar kann von einer spezifischen Prägung durch die Geschichte Galiläas ausgegangen werden, die sich von derjenigen Samarias und Judäas unterschied und insofern einen eigenen Kontext für das Wirken Jesu darstellte. Es gab jedoch weder in sozialer noch in wirtschaftlicher oder kultureller Hinsicht besondere Spannungen oder anderweitige Spezifika, die sich als Movens des Wirkens Jesu anführen ließen.

Das Verhältnis von Wirken Jesu und galiläischer Lebenswelt lässt sich deshalb am besten so zusammenfassen, dass sich die Motivation für das Wirken Jesu aus seinem Selbstverständnis erklärt, der von Gott mit dem Auftrag, sein Reich zu errichten, Beauftragte zu sein. Die galiläische Lebenswelt war dabei derjenige Kontext, in dem Jesus damit begann, diesen Auftrag in die konkreten Lebensverhältnisse der Menschen umzusetzen. Deshalb tragen die Jesusüberlieferungen galiläisches Kolorit, das sich bereits in der literarischen Welt der Evangelien mit deren konkreter Lebenswirklichkeit verbindet. Damit beginnt ein Prozess der Aneignung des Wirkens Jesu in der eigenen Gegenwart, der bis heute anhält.

Adresse des Autors
Prof. Dr. Jens Schröter
Lehrstuhl für Exegese und Theologie des Neuen Testaments
sowie die neutestamentlichen Apokryphen
Humboldt Universität zu Berlin
Burgstraße 26
D-10178 Berlin

Bildnachweis
Abb. 4: © Kinneret Regional Project unter Verwendung von Material aus der CIAT-CSI SRTM website (http://srtm.csi.cgiar.org); alle übrigen Abbildungen J. K. Zangenberg.

Literatur
M. Ebner, Jesus von Nazaret. Was wir von ihm wissen können (2007).

G. Faßbeck / S. Fortner / A. Rottloff / J. K. Zangenberg (Hrsg.), Leben am See Gennesaret. Kulturgeschichtliche Entdeckungen in einer biblischen Region (2003).

S. Freyne, Galilee, Jesus, and the Gospels. Literary Approaches and Historical Investigation (1988).

M. H. Jensen, Herod Antipas in Galilee. The Literary and Archaeological Sources on the Reign of Herod Antipas and its Socio-Economic Impact on Galilee (²2010).

J. Reed, Archaeology and the Galilean Jesus. A Re-Examination of the Evidence (2000).

E. Renan, Das Leben Jesu (1981).

J. Schröter, Jesus von Nazareth. Jude aus Galiläa - Retter der Welt (⁴2012).

V. Spangenberg / A. Heinze (Hrsg.), Der historische Jesus im Spannungsfeld von Glaube und Geschichte (2010).

G. Theißen / A. Merz, Der historische Jesus. Ein Lehrbuch (⁴2011).

Jesus, der Galiläer (Welt und Umwelt der Bibel 2/2002).

Biblische Tage: Der historische Jesus, in: zur debatte. Themen der Katholischen Akademie in Bayern 5/2012, 1-24.

Der Jordan: Lebensquelle und heiliger Fluss (Foto: Mockstar).

Der Berg Arbel mit dem See Gennesaret im Hintergrund (Foto: E. Chafarnski).

Versteckt in Höhlen und Schluchten – Rebellen und Zeloten am See Gennesaret

von Yinon Shivti'el

Im Jahr 66 n. Chr. verschlechterte sich die politische Situation in Palästina rapide, überall roch es nach Rebellion. Vor allem in Galiläa bereiteten sich die führenden Kreise auf einen Krieg gegen Rom vor. Die Jerusalemer Führungselite war sich dessen bewusst und sandte, um die Kontrolle über die Entwicklungen nicht zu verlieren, einen Oberbefehlshaber nach Norden. Obwohl diesem die nötige militärische Erfahrung fehlte, hatte er schriftstellerisches «Talent», als Flavius Josephus sollte er später auf diesem Gebiet Ruhm erlangen. Im *Jüdischen Krieg* (*Bellum Iudaicum*) und seiner Autobiographie (*Vita*) beschreibt Josephus detailliert das Gefühl der Angst und des Ausgeliefertseins auf Seiten der aufständischen Juden. Darüber hinaus geben seine realistischen Beschreibungen die allgemeine Lage in Palästina, besonders aber in Galiläa, von der hasmonäischen Periode bis zum Ausbruch des Aufstands eindrucksvoll wieder. Obwohl Josephus den Weg zum Krieg und dessen Verlauf mit vielen Details schildert, berichtet er den Lesern kaum davon, wie sich die Juden während der turbulenten Aufstandsjahre schützten und verteidigten. Die Verteidigungsmethoden in Galiläa kommen nur sehr vage zur Sprache und werden in aller Regel und wenig bescheiden auf die großen taktischen Fähigkeiten des Feldherrn selbst, also des Josephus, zurückgeführt. Die Verlässlichkeit dieser Berichte wurde daher schon früh und aus verschiedener Perspektive in Zweifel gezogen (z. B. Schwartz 1994, 291). Der vorliegende Beitrag versucht Licht in dieses Dunkel zu bringen und zeichnet die Verteidigungsmaßnahmen nach, die Josephus sich selbst zuschreibt, aus denen wir aber ersehen können, wie sich die galiläische Bevölkerung insgesamt auf die unruhigen Zeiten des Krieges eingestellt hat.

In den Schriften des Josephus finden sich zahlreiche knappe Hinweise auf Höhlen, die zu Verstecken und Schutzkammern ausgebaut wurden (*Bellum Iudaicum* 1, 304.307.309-313; 2,569-574; 3, 27.334.341; *Vita* 185-190). Ihnen wird daher unsere besondere Aufmerksamkeit gelten.

Deutsch	Vita 187	Deutsch	Bellum Iudaicum 2,572-576	
Jotapata	Ἰωτάπατα	Jotapata	Ἰωτάπατα	1
Beersubae	Βηρσουβαί	Bersabe	Βηρσαβέ	2
Selame	Σελαμήν	Selame	Σελάμην	3
Kapharath	Καφαράθ	Caphareccho	Καφαρεκχώ	4
Papha	Παφά	Japha	Ἰαφά	5
Soganae	Σωγαναί	Sigoph	Σιγώφ	6
Berg Tabor	Ἰταβύριονορος	Berg Itabyrion	Ἰταβύριονόρος	7
Tarichaeae	Ταριχέα	Tarichaeae	Ταριχαία	8
Tiberias	Τιβερίας	Tiberias	Τιβερίας	9
Höhlen von Arbel	Ἀρβήλων σπήλαιον	Höhlen in der Nachbarschaft des Sees Gennesaret	ΤἀπερίΓεννησάρλιμην σπηλαια	10
Acharabe	Ἀχαράβη	Berg bekannt als Acchabaron	Ἀχαβάρωνπέτραν	11
–	–	Seph	Σέπφ	12
Jamnia	Ἰάμνια	Jamnith	Ἰαμνείθ	13
Ameroth	Ἀμηρωθ	Mero	Μηρώ	14
Seleucia	Σελευκεία	Seleucia	Σελευκεία	15
Sogane	Σωγάνη	Soganaea	Σωγαναίαν	16
–	–	Gamala	Γάμαλαν	17
Sepphoris	Σέπφωριν	Sepphoris	Σέπφωριταις	18

Als Josephus in Galiläa angekommen war, habe er, so schreibt er, nicht weniger als 18 Siedlungen befestigt. Eine weitere Siedlung hatte sein Rivale Johannes von Gischala befestigt. Die Liste der 18 befestigten Siedlungen lautet wie in Tabelle auf vorherstehender Seite.

Viele dieser Siedlungen wurden von Archäologen untersucht, nicht wenige zum Teil auch ausgegraben. Dennoch kann uns bisher kein Forscher zeigen, wie diese Siedlungen genau befestigt waren. In diesem Beitrag werde ich nachweisen, dass es sich bei den Befestigungen von mindestens fünf dieser Siedlungen, die zudem noch ganz in der Nähe des Sees Gennesaret liegen, um Felsverstecke in unwegsamen, steilen Klippen handelte (Abb. 1). Im Folgenden behandle ich die Orte mit den Nummern 4, 9, 10, 11 und 14 (Abb. 2).

Abb. 1
Klippen und Höhlen am Berg Arbel.

Tiberias und der Berg Berenike

Der Berg Berenike liegt an der Südwestecke des Sees Gennesaret, ca. 2 km südlich der modernen Stadt Tiberias und direkt oberhalb der laufenden Grabungen im antiken Tiberias. Dieser beeindruckende Kalksteinberg mit seiner steil abfallenden östlichen Flanke erhebt sich 190 m über den Spiegel des Sees und hoch über die umliegende Landschaft. Die ganze Ostseite ist mit Höhlen durchsetzt. Alle 30 Höhlen, die vom Autor mit einer Gruppe des Israel Cave Research Centre untersucht wurden, waren natürlichen Ursprungs und durch Karsterosion entstanden. Einige jedoch waren zusätzlich ausgehauen und für menschliche Wohnzwecke vorbereitet und miteinander durch

Abb. 2
Fels- und Höhlenverstecke in Galiläa.

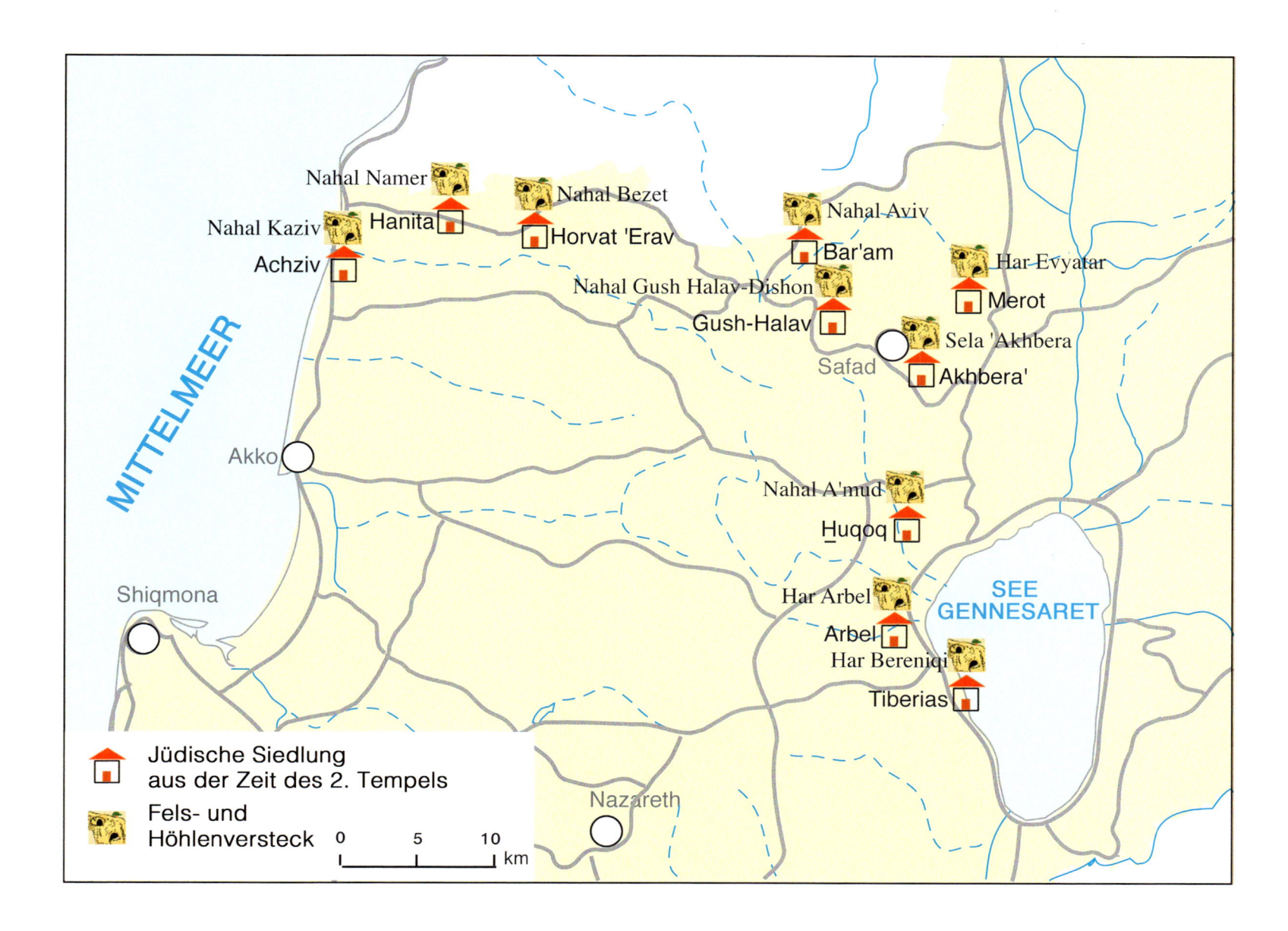

Tunnel zu einem Höhlensystem von 482 m Länge verbunden worden. Die Funde in den Höhlen umfassen Scherben von der frühen bis in die späte Römerzeit sowie aus verschiedenen anderen Epochen. Der Jerusalemer Talmud berichtet im 4. Jh. n. Chr. noch davon, dass Rabbi Huna aus Tiberias und seine Freunde «sich tagelang und nächtelang in den Höhlen oberhalb des Großen Bet Midrasch zu verstecken pflegten» (yPes 1:1, 27:1).

Der Berg Arbel und Wadi Hamam mit dem Berg Nitai

Nördlich von Tiberias, am Ende eines Pfades, der vom Arbel zum Trockental des Wadi Hammam hinabführt, legten Ausgrabungen in einem Gebiet von ca. 10 ha die Reste der jüdischen Siedlung Arbel mit ihrer Synagoge frei. Steht man gegenüber den beeindruckenden Klippen des Arbel- und Nitaiberges, kann man unschwer die Öffnungen Dutzender Höhlen erkennen (Abb. 3; vgl. Abb. 1). Lage und Ausdehnung dieser Höhlen lassen keinen Zweifel daran, dass es sich dabei um die antike Ortslage Arbel handelt, die Josephus mit einem Bericht aus

Abb. 3
Blick auf den See Gennesaret aus einer Höhle des Berg Arbel.

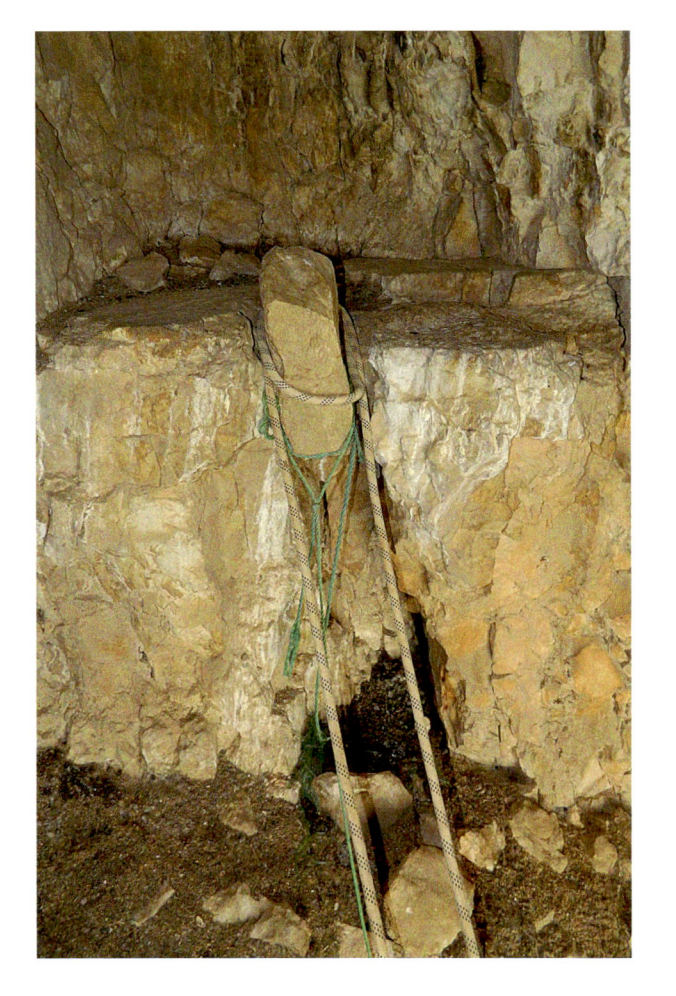

Abb. 4
Haken zum Festbinden von Seilen in einer Höhle am Berg Arbel.

der Anfangszeit des Herodes berühmt gemacht hat (*Bellum Iudaicum* 2, 572-576; *Vita* 187). Als Herodes ganz Galiläa unter seine Herrschaft gebracht hatte, so schreibt Josephus, blieb allein Arbel übrig, das mit Höhlen umgeben und schwer einzunehmen war. Josephus betont, wie geschickt Herodes mit der schwierigen Lage umging und wie er die zahlreichen Herausforderungen meisterte, etwa indem er Soldaten in Körben und an Seilen in die Höhlenöffnungen herab ließ (*Antiquitates Iudaicae* 14, 417-430; Abb. 4). Vor allem erwähnt er, wie viel Zeit verging, bis der König schließlich die Oberhand über die Belagerten gewann (*Bellum Iudaicum* 1,309-313). All dies kann nur jemand richtig begreifen, der selbst einmal an einem schwankenden Seil in luftiger Höhe hing, um zu diesen Höhlen zu gelangen.

Die intensive Erforschung der Höhlen von Arbel erfolgte durch den Autor und sein Team vom Cave Research Center in den Jahren 2010 und 2011. In diesem Survey wurden alle Höhlen untersucht, einschließlich derer, die allein durch Abseilen erreicht werden konnten. Bereits in den frühen 1990er Jahren hatte der verstorbene Zvi Ilan die unteren Höhlen des Systems erstmals untersucht. Nun aber wurde das gesamte Fluchtsystem entdeckt, untersucht und vermessen. Es erwies sich als höchst beeindruckend, entwickelt und wohl organisiert. Insgesamt dienten 356 Höhlen als Unterschlupfe

Abb. 5
Der Autor beim Abseilen zu den Wohnungen in den Klippen des Berg Arbel.

(Abb. 5). Der Zugang zum Höhlengebiet erfolgte über eine Befestigung mit dem Namen Kala'at Abu-Ma'an, benannt nach einem drusischen Freiheitskämpfer gegen die Türken im 17. Jh. Noch im 19. Jh. berichtete der englische Reisende Henry Baker Tristram von der üppigen Flora und Fauna im Tal und den umliegenden Klippen, besonders dem syrischen Bären. In unseren Survey konnten acht Höhlenkonzentrationen in den Klippen identifiziert werden. Die Höhlen, einige davon natürlich, wurden vergrößert und für menschliche Bewohnung hergerichtet; sie umfassten mehrere Geschosse und waren an der außen liegenden Seite zusätzlich durch Felszacken geschützt. Im Zentrum dieses Komplexes fanden wir fünf Ritualbäder (*Miqwaot*) in einer Höhle mit fünf Räumen (Abb. 6. 7). Die Becken waren mit grauem Putz ausgekleidet und datieren in die Zeit des Zweiten Tempels (spätes 1. Jh. v. Chr. bis Mitte 1. Jh. n. Chr.). Westlich des Höhlendorfes fanden sich Reste einer Zisterne, die durch den Winterregen gefüllt wurde, der durch das poröse Gestein sickerte. Vermutlich diente sie dazu, die Ritualbäder zu versorgen. Auf der Ostseite des Höhlensystems befand sich eine runde Zisterne, die offensichtlich Wasser auffing, das von Stalagmiten herab rann. Münzen, Keramikscherben und Putzreste legen nahe, dass der Komplex erstmalig in der hellenistischen Epoche benutzt wurde. Der Hauptverbindungspfad verläuft weiter

Abb. 6
Ritualbad am Berg Arbel.

Zusammenhang dieses Höhlensystems zeigt, zusammen mit seinem hervorragenden Erhaltungszustand, dass die Erbauer sich damit planvoll auf kommende Notzeiten vorbereiten wollten.

All dies passt gut zu Josephus' Beschreibung von Mauern oberhalb der Höhlen von Arbel, eine Bemerkung, die bisher nicht ausreichend verstanden wurde, nun aber immer größere Bedeutung erlangt. Im Jahre 2010 wurde eine Mauer auf dem Hochplateau des Berges Nitai (nur gut 100 m Luftlinie gegenüber dem Arbel gelegen), von Uzi Leibner untersucht, während der Autor mit seinem Team vom Cave Research Center 180 Fluchthöhlen in der steilen Flanke des Nitai erforschte.

Die Mauer durchzieht das Plateau des Nitai auf der gesamten Länge von 322 m und besitzt neun Türme, die nach Westen, also dem zu erwartenden römischen Angriff entgegen, ausgerichtet wurden. Das Gebiet hinter der Mauer war nur im Norden zwischen dem Klippenrand und dem neunten Turm sowie von Südwesten zwischen dem dortigen Abhang und dem Mauerabschnitt am ersten Turm zugänglich. Die Höhe der Mauer zwischen den Türmen variierte: Im Norden erreichte sie 4,5 m und im Süden 8 m. Der obere Abschnitt war 2,2 m dick und diente zugleich als Laufweg. Die Errichtung dieser beeindruckenden Befestigung erforderte ungeheure Anstrengungen: Das Baumaterial musste gebrochen, behauen, angepasst und auf das Hochplateau des Nitai hinaufgebracht werden (einschließlich all der nöti-

Abb. 7
Wasserkanal zu einem Ritualbad am Berg Arbel.

nach Osten vorbei an anderen Höhlensystemen, die man am besten gegenüber den Klippen sehen kann, bis man eine künstliche Treppe erreicht, die hinauf zur Befestigung von Kala'at Abu-Ma'an führt.

An der Felswand östlich der Treppe befinden sich Reste von Höhlen mit einer weiteren Miqwe und einer putzverkleideten Zisterne. Seitlich davon führt ein ausgehauener Kanal zu einem weiteren hochentwickelten Höhlensystem, das entlang des Felsabbruchs gebaut wurde, der vom oberen Klippenrand hinab läuft. Die Höhlen befinden sich auf sechs verschiedenen Niveaus und umfassen mehrere Räume mit Mauern aus behauenen Steinen. Verbindungsgänge und Installationen machen das Höhlensystem zu einem gigantischen Bienenkorb. Die Reste stammen aus verschiedenen Perioden, einige zeigen Hinweise auf Wiederverwendung. Keramikscherben und – noch wichtiger – Putzfragmente aus den Zisternen deuten auf die römische Zeit, aber der Komplex war in Verwendung bis weit in die byzantinische oder gar die osmanische Zeit. Der ausgeklügelte

Abb. 8
Eine römische Pfeilspitze aus einem Versteck am Berg Nitai.

gen Arbeitskraft). Ziel der turmbewehrten Mauer war es möglicherweise, Raum für große Mengen Flüchtlinge zu schaffen, die für längere Zeit in Sicherheit gebracht werden mussten.

Zusätzlich zur Erforschung des Hochplateaus wurden die Klippen am Berg Nitai durch den Autor einer genauen Untersuchung unterzogen, einschließlich der Höhlen, die nur durch Abseilen erreichbar waren. Die Funde unterschieden sich von denen der frührömischen Epoche: Besonders auffällig waren Pfeilspitzen (Abb. 8), wie sie durch römische Hilfstruppen verwendet wurden, verputzte Zisternen und Münzen unterschiedlicher Epochen. Das Höhlensystem des Nitai erstreckt sich über die gesamte Breite der Klippen und ist noch sehr gut erkennbar.

Hukok und die Amud-Schlucht

Ungefähr 1,5 km nordwestlich des modernen Kibbutz Hukok wurden reiche Reste einer antiken Siedlung neben einer Quelle gefunden, einschließlich Grabhöhlen, Architekturresten, Keramik aus der Zeit des Zweiten Tempels, eines kompletten unterirdischen Zufluchtssystems und selbst mit Teilen der antiken Römerstraße, die die Hügel um Hukok mit der Hauptstraße von Akko Richtung Amiad verband.

Seit Juni 2011 wird die Siedlung auf dem Haupthügel von einem Team unter Leitung von Jodi Magness ausgegraben; im Sommer 2012 gelang der spektakuläre Fund eines Mosaiks in der antiken Synagoge. Nur ca. 2,5 km nördlich der Siedlung liegt der am meisten zerklüftete Teil der Amud-Schlucht, der durch besonders steile Wände gekennzeichnet ist. Vom oberen Rand der Schlucht erkennt man eine Reihe von Höhlen, in einer davon war sogar ein Gefäß während einer Abseilaktion sichtbar. Zusätzlich fand man Pfeilspitzen am Boden der Schlucht sowie ausgehauene Zisternen innerhalb der Höhlen. Am bemerkenswertesten jedoch war eine Münze aus der Zeit des Ersten Aufstands (66–70 n. Chr.), die man auf der ausgehauenen Treppe hinauf auf das Plateau fand (Abb. 9).

Im Jahr 2011 begann der Autor mit einem vorläufigen Survey der Höhlen an den Klippen des Unteren Wadi Amud. Die Zufluchtsstätten ähneln denen am Berg

Abb. 9
Münze aus der Zeit des ersten Jüdischen Aufstands gegen Rom (66–73 n. Chr.).

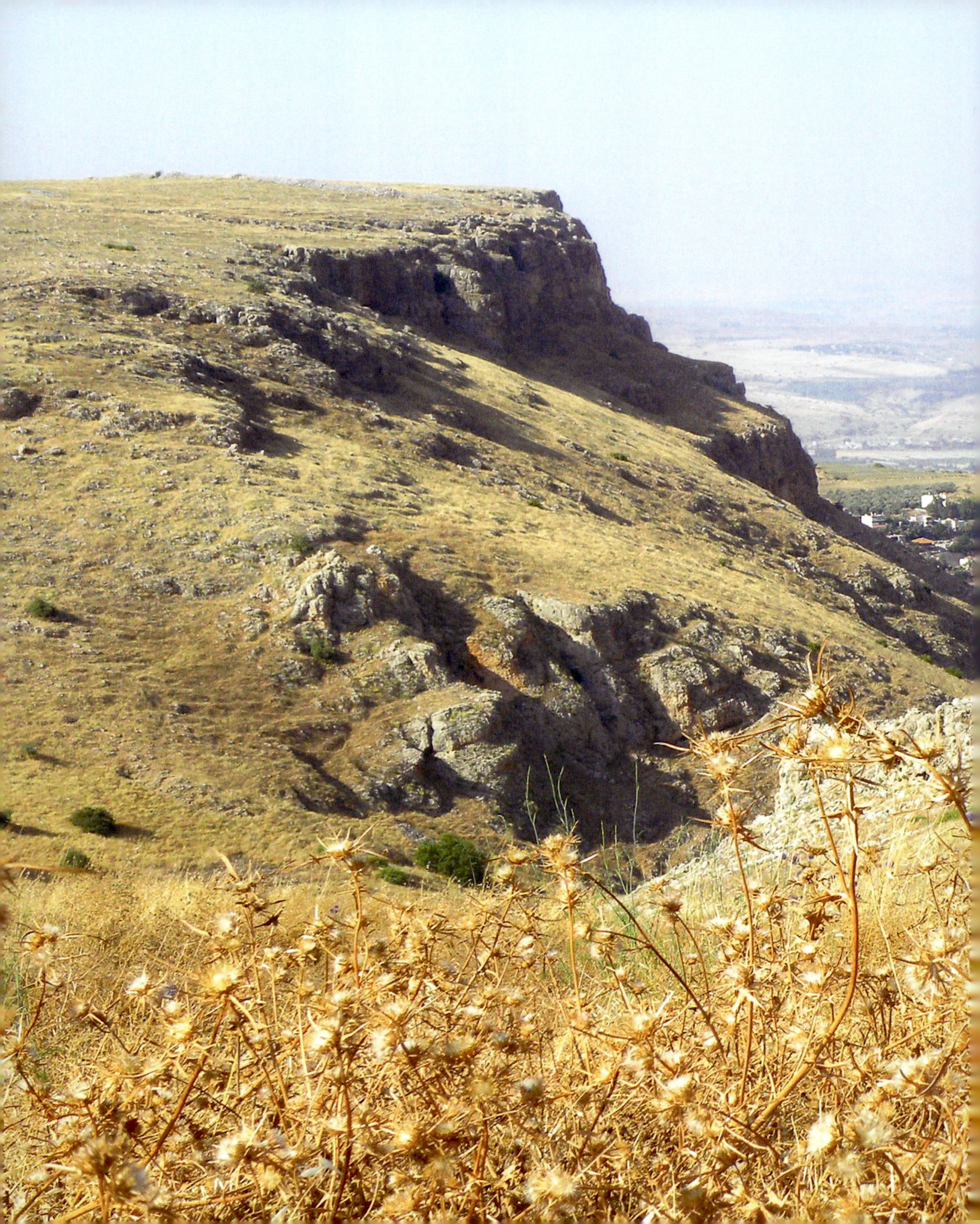

Blick über das Westufer
des See Gennesaret
(Foto: I. W. Scott).

Arbel und Nitai insofern, als sie sich in der Nähe einer Siedlung befinden und in der steilen Felswand einer Schlucht angelegt sind. Sie eignen sich daher gut als geschützter Zufluchtsort und sind nur sehr schwer für Militär erreichbar. Es ist gut möglich, dass die Höhlen in Wadi Amud auch von den Bewohnern der Siedlung auf Horvat Kur benutzt wurden, das nur 2 km entfernt liegt. Horvat Kur wird derzeit vom Kinneret Regional Project unter der Leitung von Jürgen K. Zangenberg ausgegraben (s. entsprechenden Beitrag in diesem Band).

Abb. 10
Abseilen zu einer Klippe mit Höhlen am Akbara-Felsen.

Akhbara

Die Zone der Siedlungen mit ähnlicher Typologie setzt sich nach Norden fort. Unweit nördlich von Hukok liegen die Klippen von Akhbara. Bisher wurden dort nur 75 Höhlen der geschätzten 300 erforscht (Abb. 10).

Josephus berichtet, dass Akhbara ebenfalls befestigt war (*Bellum Iudaicum* 2, 573-576). Ein Survey im Jahre 2009 erfasste alle Höhlen, gleich ob aus Fels gehauen oder erweitert mit Verbindungspassagen. Die Höhlen variieren von 1,5 m x 2 m bis hin zu 2 m x 5 m Größe. Wiederum fand man Ritualbäder, Pfeilspitzen und Münzen aus trajanischer Periode (Beginn des 2. Jhs. n. Chr.), am beeindruckendsten waren jedoch zwei verputzte Zisternen, die Wasser von Stalagtiten auffingen und die einige Höhlen mit Wasser versorgten. Andere Höhlen erhielten ihr Wasser über ausgehöhlte Kanäle.

Die meisten Höhlen waren mit Lagen Vogeldung gefüllt, was die Suche nach Scherben stark behinderte. Dennoch konnten verschiedene Objekte aus frührömischer Zeit entdeckt werden. Hier wie anderenorts existieren klare Hinweise auf Hammer- und Meißelwerk und quadratische Öffnungen, die als Durchschlupf zwischen benachbarten Räumen dienten. Die Entfernung zwischen den Akhbara-Klippen und der gleichnamigen Siedlung beträgt nicht mehr als 150 m.

Abb. 11
Schutzhöhle am Nahal Kziv. Der Autor deutet auf Stalagtiten.

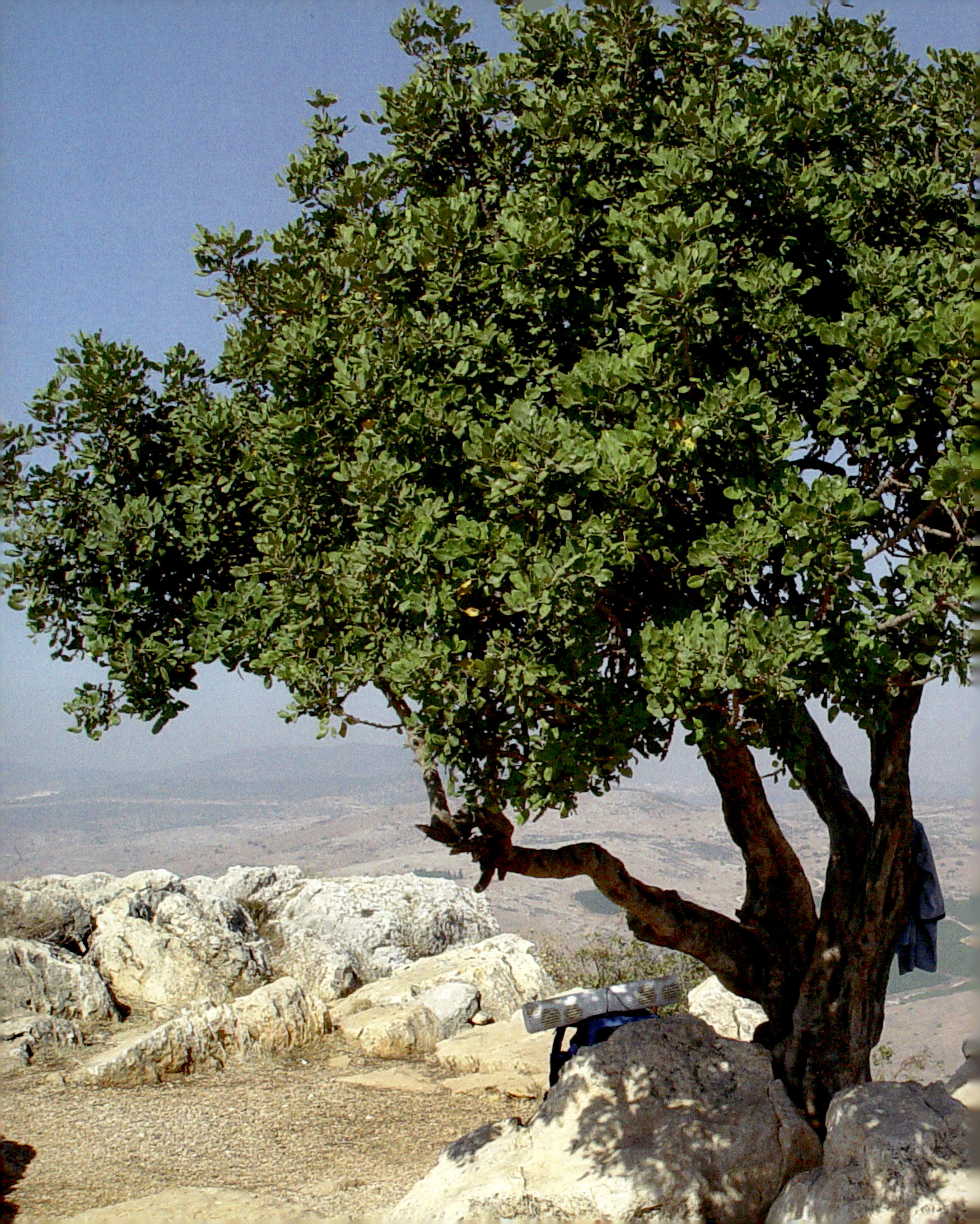

Blick vom Berg Arbel auf den See (Foto: Israel Tourism).

Merot und der Berg Ebiatar

Die Siedlung Merot liegt ca. 10 km nördlich von Akhbara und gilt bei Josephus als der nördlichste von ihm befestigte Ort (*Bellum Iudaicum* 3,40: Mero oder Amerot in *Vita*). Das Dorf Merot liegt ca. 3,5 km westlich von Tel Hazor und überblickt das Huletal. 2 km vom Dorf entfernt erhebt sich der Berg Ebiatar. An dessen nördlicher Flanke befinden sich ca. 30 Höhlen auf verschiedener Höhe, einige völlig von Menschen geschaffen, andere künstlich aus natürlichen Räumen erweitert. Sie alle können nur mit Seil und alpiner Kletterausrüstung erreicht werden.

Bereits während der Grabungen in Merot im Jahre 1988 äußerte Zvi Ilan die Vermutung, dass diese Höhlen den Einwohnern von Merot in Kriegszeiten als Zuflucht gedient haben könnten. Am 30. Juni 1988 seilte sich der Autor vom Gipfel des Berg Ebiatar ab und führte einen Survey durch. 35 Höhlen auf drei Ebenen und 100 m über dem Erdboden wurden untersucht. Die erste Höhle lag ca. 25 m unterhalb der Klippenkante. Die Höhlen waren mittels einfacher mechanischer Werkzeuge in den Fels gearbeitet, auch in den meisten Räumen fanden sich Anzeichen für Meißelarbeit. Die Größe der Räume variierte zwischen 1,5 m x 2 m und 5 m x 5 m, die unterschiedlichen Ebenen waren durch Übergänge verbunden. Drei der Räume zeigen Reste von Wandverputz. Die meisten Höhlen enthielten Keramik verschiedener Epochen, vor allem der hellenistisch-römischen Zeit, darunter viele Trinkgefäße. Einige der Höhlen unterschieden sich deutlich von allen anderen, die wir bisher gefunden hatten: Statt dass die Decken wie sonst grob gewölbt waren, waren die Übergänge von der Wand zur Decke hier rechtwinklig gearbeitet. Auch hier liegt der Schluss nahe, dass das Höhlensystem von Merot als planmäßig ausgebaute Zufluchtsstätte für die regionale Bevölkerung angelegt war. Darüber hinaus lagen in Merot drei Gründe vor, eine Befestigung anzulegen: die erhabene Lage, die Lage nahe einer Fernstraße und eine Quelle nur 1 km von der Siedlung entfernt. Hinzu kommen große Zisternen in Merot selbst; diejenigen nahe der Synagoge misst 16,75 m x 4 m bei einer Tiefe von 5 m.

Versteck und Fluchtweg

Es konnte gezeigt werden, dass die Höhlensysteme nicht nur als Versteck für Guerillas, sondern auch als Fluchtroute für örtliche Dorfbewohner gedient haben. Der gemeinsame Nenner ist ihre Komplexität verglichen mit den viel einfacheren Höhlen am oberen Ende einer Klippe. Dieses System ist mit demjenigen vergleichbar, das jüdische Rebellen in der Judäischen Wüste entwickelten. Die Mehrheit dieser Anlagen wird von der Forschung in die Zeit des Bar Kochba-Aufstands (132–135 n. Chr.) datiert. In Galiläa aber wurden die Klippenverstecke während mehrerer Perioden genutzt mit einem Schwerpunkt in der Zeit des Ersten Aufstands. Während die galiläischen Höhlen stets nahe bei Siedlungen liegen, besteht in Judäa kein Zusammenhang mit permanenten Niederlassungen.

Die Untersuchung der Höhlen legt gemeinsame Methoden der Planung, Ausführung und Errichtung nahe, was die Frage erhebt, ob es eine zentrale Autorität gab, die zu bestimmten Zeiten den Ausbau überwachte oder ob ein Dorf lediglich vom anderen kopierte. Sowohl die chronologische Bandbreite der Nutzungsphasen als auch die Ähnlichkeit in Form und Funktion legen nahe, dass die Methoden der Erweiterung und Anlage dieser Höhlen von einer Generation zur anderen weitergegeben wurde. Daher ist es auch schwer, ein einziges Gründungs- oder Nutzungsdatum für die galiläischen Fluchthöhlen anzugeben. Entsprechend vielfältig dürften auch die Gründe gewesen sein, die zum Bau oder Ausbau der Anlagen führten. Die galiläischen Höhlen können gleichermaßen der herodianischen Periode (Wende vom 1. Jh. v. Chr. zum 1. Jh. n. Chr.), der Zeit des Ersten oder Zweiten Aufstand zugeordnet werden (zum Zweiten Aufstand vgl. Cassius Dio 8, 12, 69).

Über die Verteidigungsanstrengungen zur Zeit des Josephus besteht dank der neuen Forschungen ein weitaus besseres Bild:

1. Einige Siedlungen wurden mit Mauern befestigt, so wie auf dem Berg Nitai, als feste, durchdachte und sorgfältig ausgeführte Barriere gegen jeglichen Angreifer. In den Worten des Johannes von Gischala sollten diese Befestigungen der Abnutzung des Gegners dienen, der geübt war in der Zerstörung (Josephus, *Bellum Iudaicum* 4, 121-127).
2. Als zweite Methode des Überlebens und der Verteidigung ist die Anlage von Tunnels und unterirdischer Kammern zu nennen, die durch die neuen Forschungen nun erstmals in großem Maße beschrieben werden konnten (Abb. 11. 12). Diese Methode kam überall dort zur Anwendung, wo sich günstige geologische Voraussetzungen fanden. Die Kammern waren mühsam erreichbar und hatten wenige Zugänge, sie dienten als Verstecke für eine begrenzte Periode und boten zudem die Möglichkeit raschen Rückzugs. Der dezidiert defensive Charakter dieser Anlagen setzt die Tarnung der Ein- und Ausgänge voraus. Die Dissertation des Autors beschreibt 65 derartige Systeme, vor allem in Untergaliläa, einer Region mit weichem und leicht zu behauendem Kalkstein.

Die exponierte Lage und Enge vieler Eingänge lässt keinen Zweifel daran, dass zahlreiche Verstecke nur durch Abseilen erreicht werden konnten, freilich in einer primitiveren Form als heute. Diese Technik wurde durch die Soldaten des Herodes in Arbel ebenso wie durch die Rebellen des Bar Kochba angewendet. Um sich auf den Ernstfall vorzubereiten, brauchte man allein Seile und Körbe bereit zu halten, um Strickleitern und Flaschenzüge zu bauen. Zuvor hatte man sich mit einfachen Mitteln ausreichend Raum für Vorräte und Flüchtlinge schaffen sowie über Wasserversorgung und Kommunikationsgänge Gedanken machen müssen. Die Existenz verputzter Stufenbecken legt nahe, dass auch religiöse Bedürfnisse eine Rolle bei der Anlage der unterirdischen Verstecke spielten. Rückte der Feind dann an, konnte man seine Habseligkeiten packen, sich innerhalb

Abb. 12
Behausungen in den Klippen am Berg Aviatar.

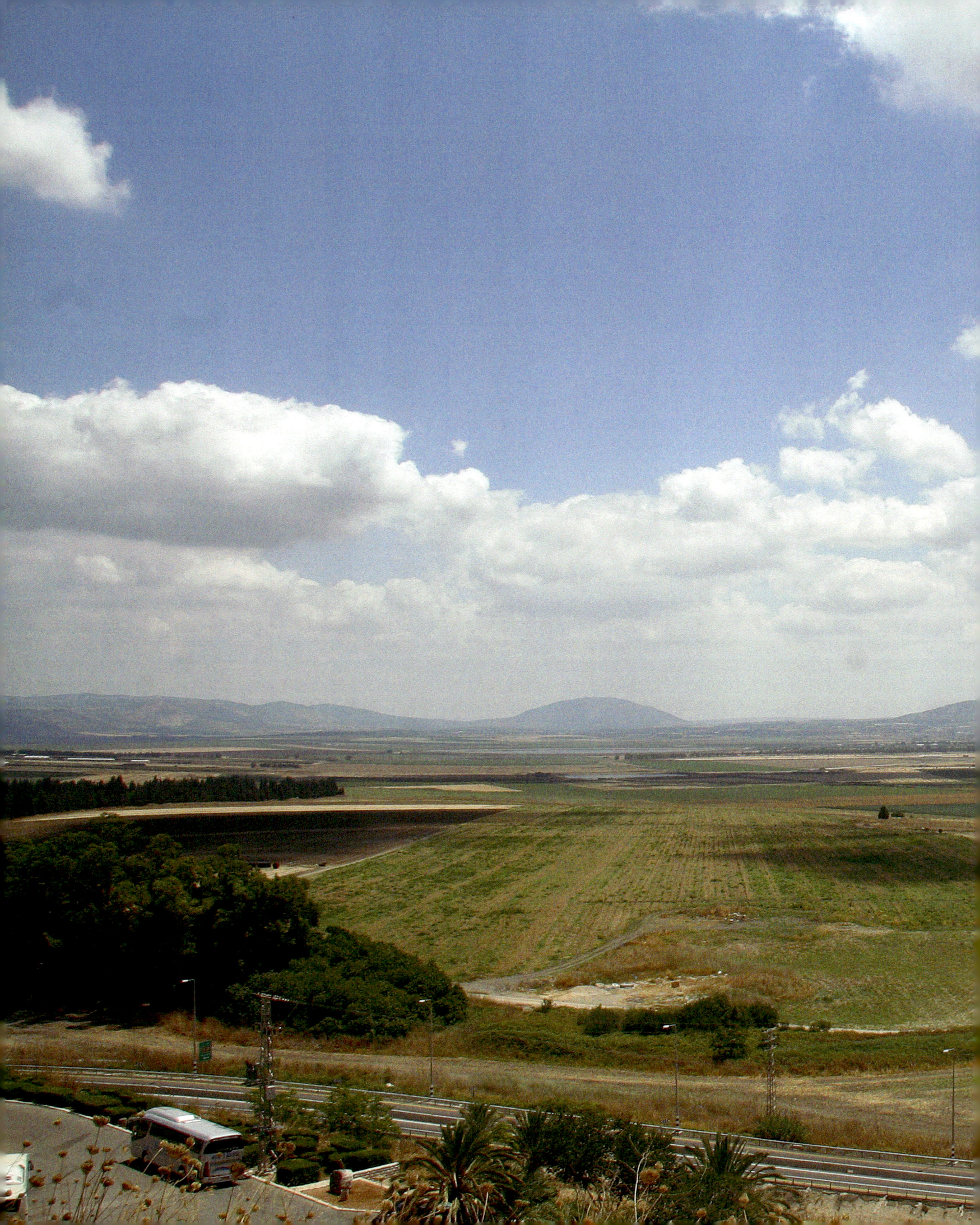

Jesreel-Ebene
(Foto: J. K. Zangenberg).

kurzer Zeit in Sicherheit bringen, die Eingänge tarnen und das Leben so gut möglich unter der Erde fortsetzen.

Die grundsätzlich defensive Natur dieser Anlagen verstärkt den Eindruck, dass die Kriegsvorbereitungen der meisten Galiläer darauf zielten, Zusammenstöße mit den Römern zu vermeiden. Untertauchen und Schutz waren die vorrangigsten Ziele. Kam es dennoch zu Gefechten, sollten die Römer in das unwegsame Terrain unter der Erde zwischen Gängen und engen Kammern gezogen werden, wo man hoffte, dass sie ihre militärische Überlegenheit nicht ausspielen konnten.

Natürlich waren damit auch Gefahren verbunden. Hatten die Römer die Eingänge zu einer solchen Anlage gefunden, saßen deren Bewohner schlimmstenfalls in der Falle, bestenfalls mussten sie versuchen, sich in andere Höhlen in Sicherheit zu bringen. Da aber anzunehmen war, dass die Römer alles daran setzen würden, zurückeroberte Gebiete zu säubern und alle Rebellennester aufzuspüren, konnten die Höhlensysteme den römischen Vormarsch beträchtlich verzögern. Die Verstecke stellten dann unerwünschte und zeitraubende Hindernisse für die römische Kriegsmaschine dar. Vielleicht waren die Höhlenverstecke der wichtigste Beitrag Galiläas zur Verteidigung des Hauptziels des römischen Vormarsches: Jerusalem.

Adresse des Autors

Dr. Yinon Shivti'el
Lecturer am Zefat (Safed) Academic College
Mitglied des Israel Cave Research Centre am Department of Geography der Hebräischen Universität Jerusalem

Bearbeitet und übersetzt von Jürgen K. Zangenberg.

Bildnachweis

Alle Abbildungen vom Verfasser.

Literatur

M. Aviam, Jews, Pagans and Christians in the Galilee (2004).

S. J. D. Cohen, Josephus in Galilee and Rome: His Life and Development as a Historian (2002).

R. Frankel / N. Getzov / M. Aviam / A. Degani, Settlement Dynamics and Regional Diversity in Ancient Upper Galilee (2001).

U. Rappaport, Where was Josephus Lying in his Life or in the War?, in: F. Parente / J. Sievers (Hrsg.), Josephus and the History of the Greco-Roman Period (1994) 279–289.

Y. Shivtiel, Cliff Settlement Shelters and Refuge Caves in the Galilee, in: S. Bar (Hrsg.), In the Hill-Country and in the Arabah (Joshua 12, 8) (2008) 223–235.

Ders., Rock Shelters and Hiding Complexes in the Galilee: The History of the Jewish Settlement in the Galilee during the Early Roman Period Based on a Study of Rock-Cut Caves (2009).

S. Schwartz, Josephus in Galilee. Rural Patronage and Social Breakdown, in: F. Parente / J. Sievers (Hrsg.), Josephus and the History of the Greco-Roman Period (1994) 290–306.

Y. Shahar, The Underground Hideouts in Galilee and their Historical Meaning, in: P. Schäfer (Hrsg.), The Bar Kokhba War Reconsidered. New Perspectives on the Second Jewish Revolt against Rome (2003) 217–240.

G. D. Stiebel, Armis et Litteris: The Military Equipment of Early Roman Palestine in Light of the Archaeological and Historical Sources (2007).

Palme auf einem
Türsturz der Synagoge
von Kapernaum
(Foto: J. K. Zangenberg).

Die Bundeslade auf Rädern?
Ein Relief von der
Synagoge in Kapernaum
(Foto: J. K. Zangenberg).

Neue mexikanische Ausgrabungen in Magdala – Das «Magdala Archaeological Project»

von Marcela Zapata Meza

Die archäologischen Untersuchungen der Universität Anáhuac (Südmexiko) in Magdala sind Teil eines internationalen Projekts mit interdisziplinärer Perspektive, bei dem neben Grabungen auch die Konservierung und Auswertung eines jeden archäologischen Fundes im Zentrum stehen, der während der verschiedenen Feldkampagnen zutage tritt. Das Projekt, begonnen im Juli 2010, verfolgt eine Reihe von Hauptzielen:

– die Untersuchung des räumlichen und zeitlichen Zusammenhangs zwischen der 2009 von der Israelischen Antikenbehörde ausgegrabenen Synagoge und der Stadt Magdala;

Abb. 1
Grabungsgelände des Magdala Archaeological Project inmitten des entstehenden Magdala Center. Im Hintergrund rechts schließt sich das Grabungsgebiet des Studium Biblicum Franciscanum an.

- die Erarbeitung detaillierter Erkenntnisse über das alltägliche Leben der Bewohner Magdalas während des 1. Jhs. n. Chr. auf der Basis von Daten aus in Wohn- und Arbeitsbereichen. Können wir verschiedene wirtschaftliche oder handwerkliche Tätigkeiten erkennen, was lässt sich über Handelsverbindungen und die Zugänglichkeit zu Gütern erkennen?
- Einsicht in die räumliche Verteilung bestimmter Aktivitäten, Traditionen und häuslicher Rituale: Wie viele Menschen wohnten in jedem Gebäude? Wie lebten die unterschiedlichen Einwohner? Welche Aktivitäten lassen sich in welchen Teilen der Häuser erkennen? Welcher Raum war für welche Rituale reserviert, wie gestaltete sich die Verbindung zwischen Ritual und alltäglichem Leben?

Verschiedene naturwissenschaftliche Methoden (geophysikalische Prospektion, Bodenanalyse) sorgen dafür, dass die Ortslage in möglichst vielen Aspekten erfasst wird. In den vergangenen Jahren sind unter anderem durch geoelektrische Verfahren zahlreiche Spuren der unausgegrabenen Teile der Stadt des 1. Jhs. v. Chr. bzw. des 1. Jhs. n. Chr. wie Häuserblöcke und Straßen identifiziert worden. Die Bodenproben werden vom Instituto de Investigaciones Antropológicas in Mexiko untersucht. Die daraus gewonnenen Daten werden dazu beitragen, ein genaueres Bild der sozialen, politischen, ökonomischen und religiösen Kontexte der Stadt Magdala zu erhalten. Schließlich wird der Ort als archäologischer Park mit allen nötigen Informationen für die Öffentlichkeit zugänglich gemacht werden (Abb. 1).

Ergebnisse der Grabungen: Chronologie der Stadt

Bis zum Jahr 2012 wurden 2352 m² in fünf Grabungsarealen A, B, C, D und E untersucht (Abb. 2. 3). Der Zusammenhang zwischen Architektur und Schichtenfolge hat dabei unsere bisherigen Annahmen zur Stratigraphie Magdalas bestätigt. Münzen, Glas und Keramik lassen erkennen, dass die Stadt während der hellenistischen Periode gegründet wurde und ihre Blütezeit in der frührömischen Periode erlebte. Nach dem ersten Jüdischen Aufstand 66 bis 70 n. Chr. ging die Besiedlung zurück; die Bevölkerung konzentrierte sich allmählich im östlichen Teil der Stadt und blieb dort, gemäß der Keramik und der Fundmünzen, bis zum Zweiten Aufstand. Weitere Forschungen werden sich insbesondere mit der Anwesenheit von mittel- und spätrömischer Keramik in einigen Teilen der Stadt zu befassen haben. Im Anschluss an die Chronologie der franziskanischen Archäologen des Studium Biblicum Franciscanum, die unter der Leitung von Stefano De Luca unmittelbar südlich von dem Gelände des Magdala Archaeological Project arbeiten, ergibt sich momentan folgendes Bild der Chronologie:

Phase I: Unklare Besiedlungsreste zwischen 350 und 1400 n. Chr.
Phase II: Mittel- und spätrömische Besiedlung zwischen 70 und 350 n. Chr.
Phase IIIa: Frührömische Besiedlung (ca. 0–70 n. Chr.).
Phase IIIb: Frührömische Besiedlung (ca. 63 v. Chr.–0).
Phase IV: Hellenistische Besiedlung (332–63 v. Chr.) vor allem im Ostsektor der Stadt (Area C) dicht bei dem Grabungsgebiet der Franziskaner.

Abb. 2
Plan der bisher ergrabenen Strukturen.

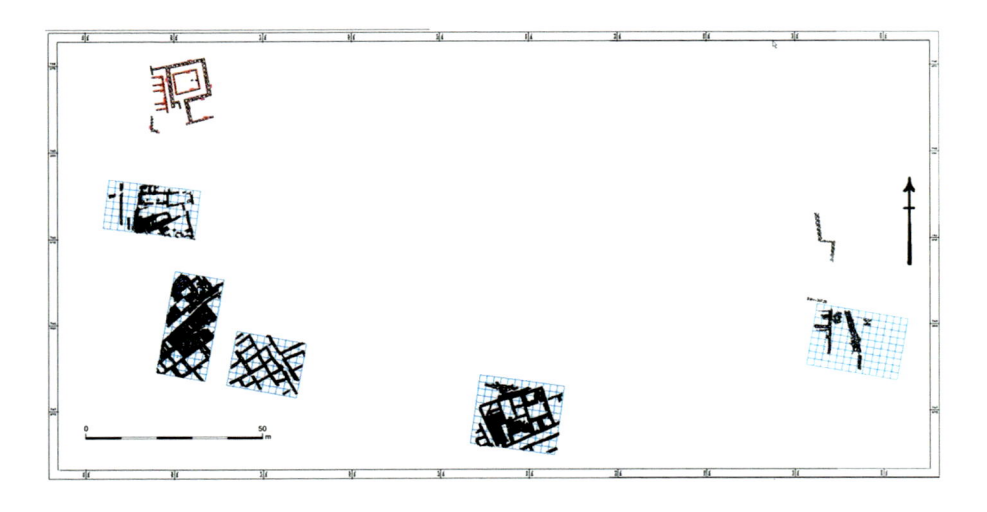

Einblicke in die frührömische Besiedlung

Die Stadt erreichte ihre größte Ausdehnung während der frührömischen Epoche vor 70 n. Chr. Die Häuser wurden in lokaler Tradition mit ortsüblichen Werkstoffen (Basalt, Kalkstein) errichtet, nur wenige Mauern trugen Spuren von Wandverputz, meist herrschen Fußböden aus gestampfter Erde oder mit einfachen Platten vor. Die Innenhöfe, Räume, Treppen und Mauern, die im Umfeld der Ritualbäder errichtet wurden, machen einen etwas sorgfältigeren Eindruck (Abb. 4). Teile der Leitungen für den Zufluss von Quell- und Regenwasser wurden unter den Straßenbelag gelegt, zum Teil auch unter die Fußböden einiger Räume. Manche Leitungen wurden offensichtlich auch als Abwasserkanäle verwendet, um Überschwemmungen innerhalb der Gebäude zu vermeiden. Unterschiede in der Bauqualität deuten nicht nur auf verschiedene Bauphasen, sondern auch auf unterschiedliche soziale Schichten, Verwendungsweisen oder vielleicht auch ethnische Gruppen hin (Abb. 5). In jüngster Zeit wurden zudem Reste des Hafens freigelegt, die gut mit den massiven Resten im Franciscan Compound korrespondieren (Abb. 6).

Bei den Grabungen kam ein sehr breites Spektrum an Funden zutage: Keramik (Abb. 7), Steingefäße (Abb. 8), Tonlampen (Abb. 9), kleine und große Glasobjekte (Abb. 10), Netzgewichte (Abb. 11), Metallobjekte wie Nägel, Besteck oder kleine Bronzeglocken (Abb. 12), Knochenwürfel (Abb. 13), ein Mörser (Abb. 14) und zahlreiche Münzen. In dieser Phase wurde auch der Stadtplan nach Westen ausgedehnt, wo das Gebiet südlich der Synagoge mit Wohngebäuden und rituellen Einrichtungen liegt (Abb. 15). Die Daten legen nahe, dass sich die kommerziellen Anlagen nahe beim Hafen befanden, was die Anwesenheit von Vorratskeramik erklärt. Die Siedlung scheint zwei Teile aufzuweisen, einen vor-

Abb. 3
Luftaufnahme der Areale A und B. Erkennbar sind Wohnhäuser mit gepflasterten Innenhöfen und Räumen sowie Teile des rechtwinkligen Straßensystems.

Abb. 4
Areal B aus der Luft: Wohnblöcke und Zugangsgasse.

Abb. 5
Areal C aus der Luft: Wohnblock mit Innenhöfen und Arbeitsinstallationen.

Abb. 6
Reste des Hafens mit
Kaimauer in Areal D.

Abb. 7
Typischer Kochtopf des
1. Jh. v. Chr. /1. Jh. n. Chr.

Abb. 8
Fragment eines Gefäßes aus Kalkstein.

Abb. 9
Tonlampe aus dem 1. Jh. v. Chr. /1. Jh. n. Chr.

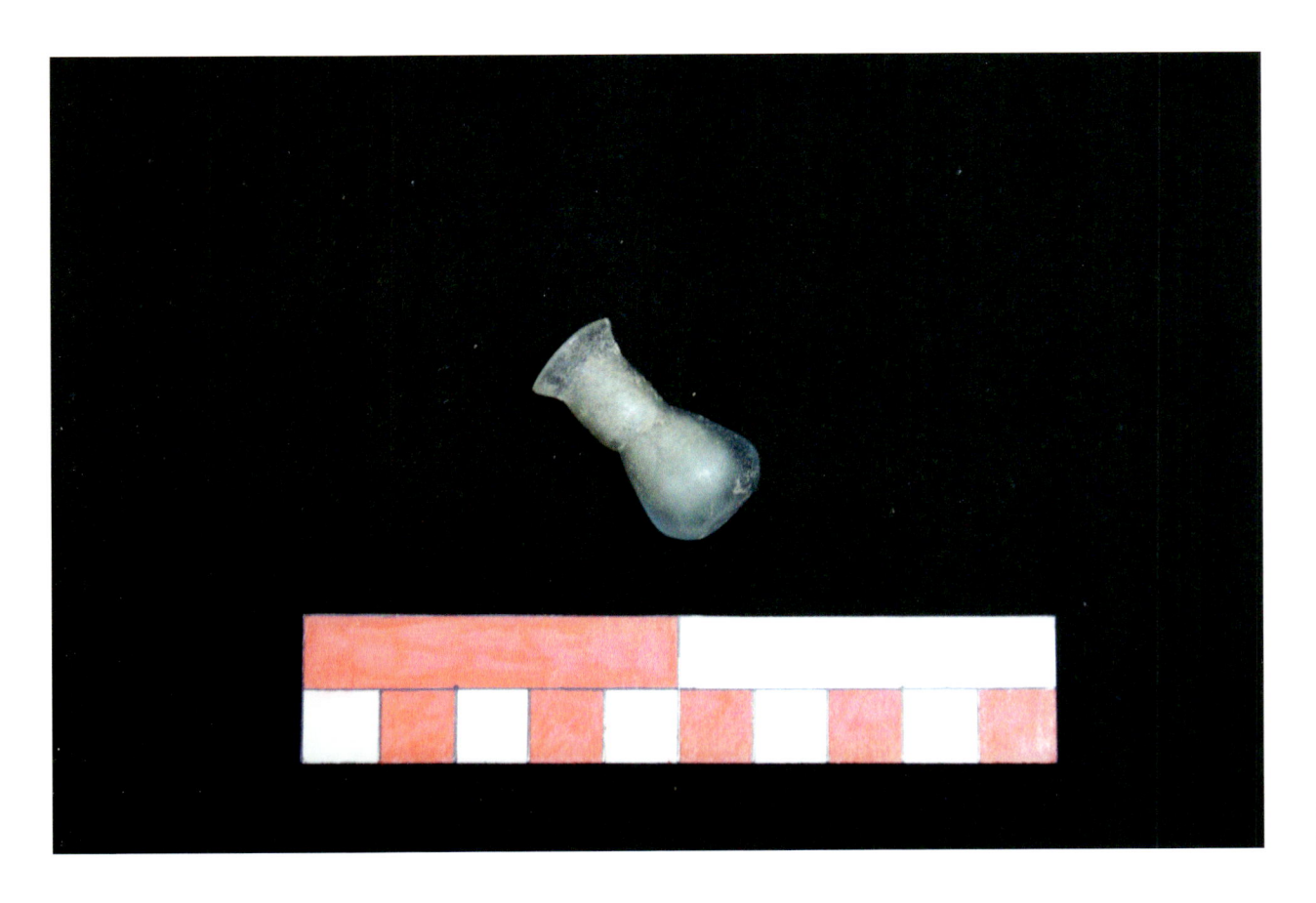

Abb. 10
Kleines Glasgefäß.

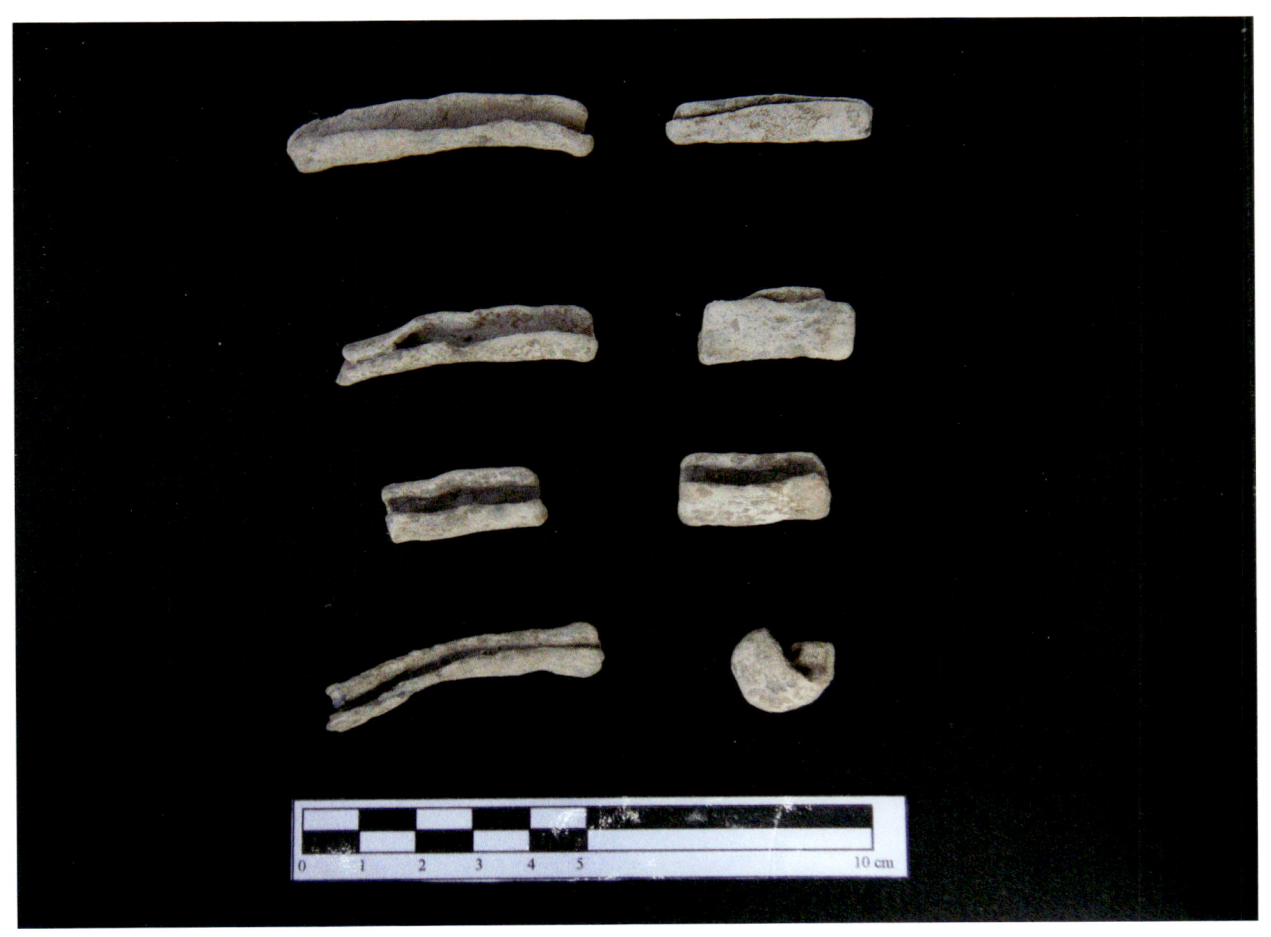

Abb. 11
Netzbeschwerer aus Blei, typische Hinweise auf Fischerei.

Abb. 12
Zwei Bronzeglöckchen.

Abb. 13
Würfel aus Knochen.

92 | Marcela Zapata Meza

Abb. 14
Steinmörser während der Ausgrabung.

Abb. 15
Zwei Öfen in einem Wohnviertel.

Neue mexikanische Ausgrabungen in Magdala – Das «Magdala Archaeological Project»

Abb. 16
Grabung unter Netzen als Sonnenschutz.

wiegend jüdischen im Westen, einen anderen, näher am wirtschaftlichen Zentrum gelegenen im Osten mit höherer römischer Präsenz. Die Wohnanlagen wurden von Großfamilien bewohnt, deren handwerkliche Aktivität diejenige von Kleinfamilien übertraf, aber unter industriellem Niveau lag (Abb. 16).

Die Stadt bestand bis zum 1. Jh. n. Chr. mit kaum nennenswerten Modifikationen weiter. Erst um das Jahr 70 zeigt sich eine drastische Veränderung, nur noch wenig Material kann nach diesem Jahr bis zur nächsten Besiedlungsphase identifiziert werden.

Drei Ritualbäder

Eine der bisher bedeutendsten Entdeckungen sind drei Stufenbecken aus Phase III in Areal A, die für rituelle Waschungen verwendet wurden (*Miqwa'ot*) und die große Bedeutung ritueller Aspekte während dieser Besiedlungsphase unterstreichen (Abb. 17). Auffallend ist, dass keines dieser Becken verputzt war und sie stattdessen tief unterhalb des Wasserspiegels hinab gegraben wurden, der wegen der Nähe zum See Gennesaret an der betreffenden Stelle sehr hoch liegt (vgl. Abb. 18). Offensichtlich füllten sich die Becken mit Wasser, das einfach durch die Ritzen sickerte, die zwischen den Mauersteinen der Wände bestanden. Das System funktioniert noch heute: Im Winter 2011/12 waren die drei Becken gut mit Wasser gefüllt. Versucht man, Wasser aus einer Installation abzupumpen, führt dies dazu, dass das Niveau auch in den übrigen Becken sinkt. Alle drei Becken scheinen also unterirdisch miteinander verbunden zu sein. Dies erinnert an eine Passage in der rabbinischen Literatur, wonach eine wassergefüllte Grube (הקוע) neben einer *Mikweh* für rituelle Bäder verwendet werden kann (*Mischna Miqwaot* 6,1).

Die drei Becken sind vor allem deshalb von Bedeutung, weil bisher noch keinerlei derartige Ritualbäder aus der hellenistisch-römische Periode in Städten und Dörfern um und am See Gennesaret gefunden wurden, weder in Tiberias, Hammat-Tiberias, Kapernaum oder Bet-Saida. Auch die Art der Versorgung mit Grundwasser ist einzigartig: Alle anderen *Miqwa'ot* verwenden Regenwas-

Abb. 17
Luftaufnahme von Areal A mit drei Stufenbecken. Die Becken gehören zu zwei Häusern diesseits und jenseits einer Straße.

Abb. 18
Kochtopf am Boden eines der Stufenbeckens.

ser (im Bergland, vor allem in Jerusalem), Quellwasser, das mittels einer Leitung zum Becken geführt wird (so etwa in Jericho) oder Flutwasser, das durch einen Aquädukt gesammelt und zum Zielort geleitet wurde (Qumran).

Bisher nahm die Forschung deshalb an, dass die Bewohner der Region am Gennesaret wegen der Nähe frischen Seewassers auf künstliche Installationen zur rituellen Reinigung verzichtet hätten, zumal natürliches Seewasser nach jüdischer Vorstellung den höchsten der sechs Reinheitsgrade besitzt und besonders geeignet war – etwa im Unterschied zu Regenwasser (*Mischna Miqwaot* 1,7.8; 5,4). Die drei neu entdeckten *Mikwa'ot* werfen nun freilich erhebliche Zweifel auf, sie werden die Diskussion über jüdische Reinheitsvorstellungen und die dazu gehörigen Installationen in jedem Fall stimulieren.

Ein Raum mit einem geometrischen Mosaik

In unmittelbarer Nähe der Stufenbecken fand sich ein fast quadratischer Raum mit einem prachtvollen geometrischen Mosaik, offensichtlich der Fußbodendekor eines reichen Privathauses (Abb. 19). Das Zimmer, in dem das Mosaik gefunden wurde, misst 3,51 m x 3,74 m und hatte einen einzigen Eingang. Vermutlich

Abb. 19
Das geometrische Mosaik.

diente es als Empfangshalle oder Speisesaal. Die Ränder des Mosaiks waren mit weißen *tesserae* (Mosaiksteinen) in horizontalen Linien gestaltet. Der breite Rahmen, der das zentrale Motiv umgibt, besteht aus einem schmalen Streifen mit schwarzem Mäandermuster. Das Zentrum des Mosaiks ist mit einem engen roten Streifen umgrenzt, der ein rechteckiges Feld formt. Darin liegt eine Raute, deren Spitzen zu den vier Seiten des umliegenden Rechtecks reichen. In der Mitte der Raute befindet sich ein Medaillon mit einer Rosette aus acht alternierenden Blättern. Der Mosaikkünstler verwendete nur drei Farben: schwarz, rot und weiß. Das Fehlen von Farbnuancen schafft einen kontrastarmen, «flachen» Eindruck.

Formen und Farbgestaltung des Mosaiks von Magdala entsprechen dem, was wir beispielsweise aus den wohlhabenden Häusern Jerusalems aus der Zeit vor 70 n. Chr. oder den Palastfestungen des Herodes kennen. Die engste Parallele zu «unserem» Mosaik ist ein Exemplar, das in Magdala von einem Team der israelischen Antikenbehörde gefunden wurde, aber noch unpubliziert ist. Ein anderes, vergleichbares Mosaik mit einem schwarzen Mäanderrahmen wurde jüngst von Daniel Varga im Auftrag der Antikenbehörde in einem römischen Haus des 1. Jhs. n. Chr. bei Amazja in der Nähe von Bet-Guvrin gefunden, ist aber ebenso wenig publiziert. Letztendlich sind Muster und Komposition mit ihren konzentrischen Rahmen, Mäandern und Rosetten in Medaillons jedoch von hellenistischen Mosaikböden inspiriert, unterscheiden sich von ihnen aber in anderen Aspekten wie etwa dem völligen Fehlen figürlicher Darstellungen. Diese Kombination legt einen jüdischen Kontext nahe und datiert das Mosaik in die Mitte des 1. Jhs. n. Chr.

Dass derartig aufwendige Mosaiken auch in den im Vergleich zur Jerusalemer Oberstadt eher bescheidenen Häusern in Magdala vorkommen, verdeutlicht, wie stark sich selbst die Eliten der «galiläischen Provinz» an derartigen Vorbildern aus Judäa orientiert haben.

Magdala nach dem Ersten Aufstand

Zwischen dem Ende des ersten Jüdischen Aufstands in Galiläa im Jahre 67/8 n. Chr. und dem frühen 2. Jh. n. Chr. ging die Besiedlung der Stadt zurück und konzentrierte sich in den östlichen Bereichen (Areale C, D und E; Abb. 20). Keramik und Münzen belegen, das Magdala auch zur Zeit des Bar Kochba-Aufstands bewohnt war (Abb. 21). Die Areale A und B wurden offensichtlich nur langsam verlassen, die drei *Mikwa'ot* aus Phase III wurden mit Keramikabfall zugeschüttet. Material aus der Zeit nach dem 2. Jh. n. Chr. ist sehr spärlich und könnte auf natürliche oder durch wühlende Tiere verursachte Einschleppung zurückgehen, weniger auf Siedlungstätigkeit. Weitere archäologische Untersuchungen und die Analyse antiker Überlieferungen, wonach Magdala nach 70 n. Chr. verlassen wurde, könnten mehr Klarheit schaffen, doch muss der Siedlungsrückgang kein spezifischen Phänomen von Magdala allein gewesen sein: Ähnliches ist auch in Wadi Hamam (Grabung Uzi Leibner) unweit westlich der Stadt zu beobachten.

Trotz aller überraschenden Erkenntnisse ist unser Wissen über die Wohnbebauung Magdalas noch sehr vorläufig. Das Magdala Archaeological Project ist noch weit davon entfernt, das gesamte ihm anvertraute Gebiet

Abb. 20
Ein Glasgefäß während der Ausgrabung.

Abb. 21 Steinroller zum Befestigung von Lehmdächern am Fundort.

in Gänze ausgegraben zu haben. Aufgabe für die Zukunft ist, neben weiteren Grabungen, vor allem eine vertiefte Zusammenarbeit mit den Archäologen der Israel Antiquities Authority und den Franziskanern, um ein möglichst vollständiges Bild der Kultur und Geschichte von Magdala zu erhalten.

Adresse der Autorin

Marcela Zapata Meza
Arqueóloga
Directora del Proyecto Arqueológico Magdala
Universidad Anáhuac
Mexico Sur
marcela.zapata@anahuac.mx

Bearbeitet und übersetzt von Jürgen K. Zangenberg.

Bildnachweis

Alle Abbildungen © Magdala Archaeological Project und Universidad Anáhuac México Sur.

Literatur

M. Aviam, First-Century Jewish Galilee. An Archaeological Perspective, in: D. R. Edwards (Hrsg.), Religion and Society in Roman Palestine. Old Questions, New Approaches (2004) 7–27.

S. De Luca, La città ellenistico-romana di Magdala/Taricheae. Gli scavi del Magdala Project 2007 e 2008: Relazione preliminare e prospettive di indagine, in: Liber Annuus 59 (2009) 343–562.

D. Syon, The coins from Migdal, in: Atiqot 42 (2002) 33-36.
Magdala Archaeological Project: http://magdalaisrael.wordpress.com

Projekt der franziskanischen Archäologen des Studium Biblicum Franciscanum: www.magdalaproject.org

Israelische Antikenbehörde zur Synagoge: http://www.antiquities.org.il/article_Item_eng.asp?sec_id=25&subj_id=240&id=1601&module_id=#as

Nordteil des Sees
Gennesaret, Blick von
Hippos / Sussita
(Foto: J. K. Zangenberg).

Gepflasterte Hauptstraße in Magdala (franziskanisches Gelände) (Foto: J. K. Zangenberg).

Gadara – Stadt der Tempel und Philosophen

von Achim Lichtenberger und Rubina Raja

Die antike Stadt Gadara liegt im Nordwesten des heutigen Jordanien am Rande des Hochlands des Ajlun[1] (Abb. 1). Überbaut ist die antike Stadt von der heutigen Ortschaft Umm Qes, die einen einmaligen Bestand an spätosmanischen Häusern aufweist, welche aus antiken Spolien erbaut wurden (Abb. 2). Seit 1974 wird Gadara durch systematische Ausgrabungen archäologisch untersucht. Die Lage der Siedlung auf einem Ost-West verlaufenden Höhenrücken mit abfallendem Gelände im Osten und Westen machte die Stadt zu einer natürlichen Festung. Atemberaubende Ausblicke eröffnen sich von Gadara nach Nordwesten zum See Gennesaret und nach Tiberias, mit dem Gadara über eine antike Straße verbunden war (Abb. 3). Im Norden liegt der Fluss Jarmuk, der

Abb. 1
Plan der Stadt Gadara.

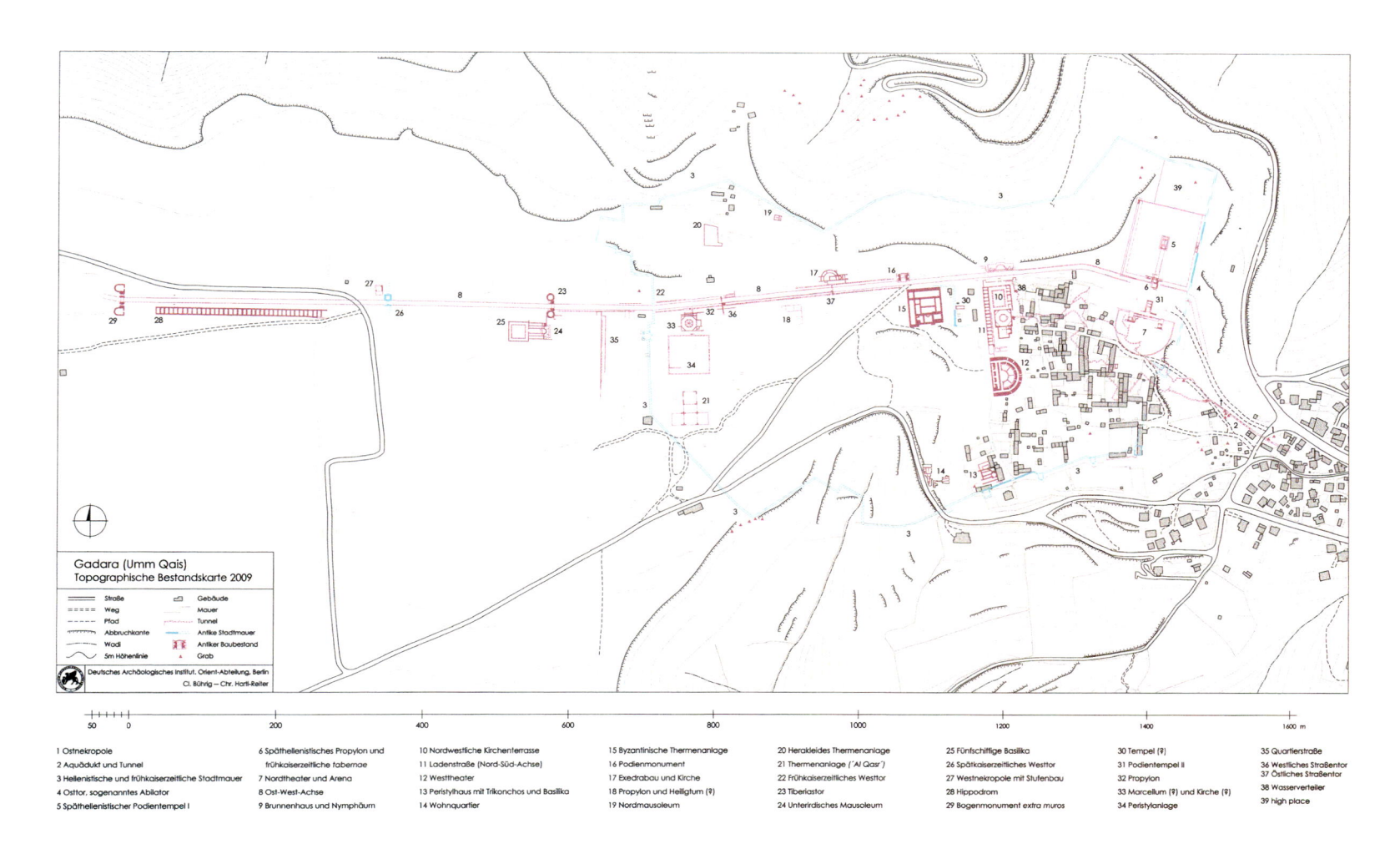

1 Ostnekropole
2 Aquädukt und Tunnel
3 Hellenistische und frühkaiserzeitliche Stadtmauer
4 Osttor, sogenanntes Abilator
5 Späthellenistischer Podientempel I
6 Späthellenistisches Propylon und frühkaiserzeitliche tabernae
7 Nordtheater und Arena
8 Ost-West-Achse
9 Brunnenhaus und Nymphäum
10 Nordwestliche Kirchenterrasse
11 Ladenstraße (Nord-Süd-Achse)
12 Westtheater
13 Peristylhaus mit Trikonchos und Basilika
14 Wohnquartier
15 Byzantinische Thermenanlage
16 Podienmonument
17 Exedrabau und Kirche
18 Propylon und Heiligtum (?)
19 Nordmausoleum
20 Herakleides Thermenanlage
21 Thermenanlage ('Al Qasr')
22 Frühkaiserzeitliches Westtor
23 Tiberiastor
24 Unterirdisches Mausoleum
25 Fünfschiffige Basilika
26 Spätkaiserzeitliches Westtor
27 Westnekropole mit Stufenbau
28 Hippodrom
29 Bogenmonument extra muros
30 Tempel (?)
31 Podientempel II
32 Propylon
33 Macellum (?) und Kirche
34 Peristylanlage
35 Quartierstraße
36 Westliches Straßentor
37 Östliches Straßentor
38 Wasserverteiler
39 high place

Abb. 2
Ansicht von Umm Qes.

südlich des Sees in den Jordan mündet. In der Antike hieß der Fluss Hieromykes und in seinem Tal finden sich heiße Quellen, welche in römischer Zeit in Hammath Gader in einem Thermalbad gefasst wurden.

Gadara lag in einer Region, die eine Kontaktzone zwischen der Mittelmeerküste, den fruchtbaren Gebieten im Jordangraben und den Wüstengebieten im Osten war. Die Region war ein fruchtbares Hochland, welches sich von Gadara nach Süden bis nach Philadelphia (das heutige Amman) erstreckte. Im Westen wurde es durch den Jordangraben und im Osten durch die Wüste begrenzt. Diese Region war das Kerngebiet der Dekapolis und sie war in griechisch-römischer Zeit mit einem dichten Netz von Städten und Siedlungen überzogen. Ein Grund war die hohe Fruchtbarkeit der Region. Der römische Universalgelehrte Varro (*Res rusticae* 44) weiß bereits im 1. Jh. v. Chr. zu berichten, dass im Stadtgebiet von Gadara ganz besonders hohe Ernteerträge von Getreide zu erzielen sein, wie es nur noch in ganz ausgewählten Regionen von Italien (bei Sybaris) und Nordafrika (bei Byzacene) möglich sei. Ein weiterer positiver Faktor für Gadara war seine verkehrsgünstige Lage. Denn durch das Gebiet verliefen sowohl Nord-Süd-Routen wie jene von Bostra nach Aqaba, als auch Ost-West-Verbindungen an die Mittelmeerküste. Von Gadara zu den Hafenstädten Caesarea, Akko-Ptolemais und Tyros waren es nur wenige Tagesreisen. All diese Faktoren erklären die Förderung der Städte durch hellenistische Herrscher und römische Machthaber.

Obwohl die meisten erhaltenen Denkmäler von Gadara erst aus römischer Zeit stammen, geht die Geschichte der Stadt vermutlich bis in vorhellenistische Zeit zurück. Der Ortsname ist die gräzisierte Form eines semitischen Toponyms *gadar*, welches so viel wie «Mauer» bedeutet. Aus literarischen Quellen wissen wir, dass die Ortslage an der Wende vom 3. zum 2. Jh. v. Chr. eine Rolle in den Auseinandersetzungen zwischen Seleukiden und Ptolemäern um die südliche Levante spielte. Der Seleukide Antiochos III. eroberte die Stadt 218 v. Chr. und in diesem Zusammenhang wird sie als besonders stark befestigt gerühmt (Polybius *Historiae* 5, 71, 3). Wir können also von einer ptolemäischen Festung im 3. Jh. v. Chr. in Gadara ausgehen, auch wenn diese archäologisch bislang nicht sicher zu fassen ist. Ab 200 v. Chr. gehört die Stadt dann zum Seleukidenreich und in der Folgezeit erhielt sie die seleukidischen dynastischen Ehrennamen Antiochia und Seleukeia. Zu Beginn des 1. Jhs. v. Chr. wurden weite Teile des Ostjordanlandes von dem expandierenden Hasmonäerstaat erobert und so fiel auch Gadara nach einer zehnmonatigen Belagerung und wurde in das Hasmonäerreich integriert (Strabon, 16, 2, 29; Flavius Josephus, *Antiquitates Iudaicae* 13, 356; *Bellum Iudaicum* 1, 24 f.). Allerdings scheint die Stadt schon bald wieder eine gewisse Autonomie unter einem lokalen Tyrannen erlangt zu haben, denn für das Jahr 85/84 v. Chr. dokumentiert eine Inschrift den Bau der Stadtmauer von Gadara, für welche ein gewisser Philotas und die Polisbürgerschaft verantwortlich waren[2]. Insgesamt liegen bislang allerdings nur wenige archäologische Befunde für die hellenistische Zeit vor. Ein anderes Bild vermitteln die literarischen Quellen, denen zu entnehmen ist, dass Gadara in hellenistischer Zeit ein kulturelles Zentrum mit einem gewissen Maß griechischer Prägung gewesen sein muss, aus dem mehrere Dichter und Gelehrte wie der Kyniker Menippos, der Dichter Meleager, der Epikuräer Philodemos und der Redner Theodoros stammten. Auf Meleager, der im 2./1. Jh. v. Chr. lebte, geht die Bezeichnung Gadaras als «Athen im Assyrerland» (*Anthologia Palatina* 7, 417, 6) zurück.

Als der römische Feldherr Pompeius 64/63 v. Chr. das Seleukidenreich endgültig zerschlug und die Provinz Syria einrichtete, wurden auch die griechisch geprägten Städte Transjordaniens in die neue Provinz integriert. In der Folge von Pompeius scheint die Stadt eine Förderung erfahren zu haben, welche sich darin niederschlug, dass die Stadt seine zivile Ära auf die Befreiung zurückführte und bis in das 3. Jh. n. Chr. den städtischen Ehrentitel Pompeia führte. Ein Freigelassener des Pompeius, Demetrios war ein Bürger der Stadt Gadara und machte sich besonders um den Wiederaufbau der Stadt verdient. Umgeben waren die Städte der Dekapolis im Osten und Süden vom Nabatäerreich und im Westen zunächst vom Hasmonäerstaat, später von dem Königreich des Herodes. Von 30 bis 4 v. Chr. gehörte Gadara sogar zum Königreich des Herodes. Die Eingliederung in das Königreich des Herodes führte zu Protest der Bevölkerung Gadaras, welcher erfolglos blieb, und erst nach dem Tod des Königs 4 v. Chr. wurde die Stadt wieder der Provinz Syria zugeschlagen.

Die Dekapolis («zehn Städte») bestand aus mehreren Städten im heutigen Syrien, Jordanien und Israel. Vermutlich handelte es sich dabei ursprünglich um eine Sonderverwaltungseinheit der römischen Provinz Syria, welche in der Folge von Pompeius eingerichtet wurde. Grund für die Einrichtung war die territoriale Zersplitterung der südlichen Levante mit wenig urbanisierten Königreichen und Fürstentümern auf der einen Seite und hellenisierten Städten wie Gadara auf der anderen Seite. Die antiken literarischen und epigraphischen Quellen subsummieren verschiedene Städte als zur Dekapolis gehörig und die Zehnzahl scheint nicht absolut gewesen zu sein. Den frühesten Beleg für den Begriff Dekapolis fassen wir im Neuen Testament, wo er als geographischer Terminus Verwendung fand (Mk 5,20).

Wir können davon ausgehen, dass in der Stadt Gadara und im Umland, wie auch in anderen Städten der Dekapolis, zahlreiche Juden lebten. Während des Jüdischen Kriegs 66–70 n. Chr. beteiligten sich jüdische Bewohner der Stadt am Aufstand, und Dörfer im Stadtgebiet von Gadara wurden von Aufständischen überfallen. Die Bür-

Abb. 3
Blick von Gadara zum See Gennesaret.

Abb. 4
Stadtmauer von Gadara.

ger von Gadara wiederum rächten sich an den Aufständischen im benachbarten Galiläa, indem sie zusammen mit Bürgern anderer paganer Städte Gischala in Galiläa überfielen und zerstörten. Gerade im Kontext des Jüdischen Kriegs zeigt sich, wie eng Gadara mit Galiläa verbunden war und dass größere jüdische Bevölkerungsanteile auch im Stadtgebiet von Gadara existierten. Letzteres erklärt auch den Aufenthalt Jesu im Gebiet der Gadarener, wo er bei den Gräbern zwei Besessene heilte, indem er deren Dämonen in eine Schweineherde fahren ließ, die sich wiederum in den See Gennesaret stürzte (Mt 8,28–34). Auch spätere rabbinische Quellen erwähnen immer wieder Gadara oder Orte wie Hammath Gader im Stadtgebiet von Gadara. Es handelt sich dabei um Belege, die einerseits zeigen, dass die jüdische Bevölkerung Galiläas nach Gadara zum Markt ging, andererseits, dass die jüdische Bevölkerung in Gadara und Umgebung lebte. Jüdische Präsenz im Umland von Gadara wird auch angezeigt durch Funde von charakteristischen jüdischen Steingefäßen auf dem Tell Zira'a[3]. Solche Gefäße sind jüdische Identitätsmarker in der Zeit des Zweiten Tempels. Eine spätantike Synagoge wurde in Hammath Gader ausgegraben.

Die Einrichtung der Provinz Arabia 106 n. Chr. aus dem aufgelösten Nabatäerreich war ein gravierender Einschnitt in der regionalen Politik. Nun wurden die Städte der Dekapolis auf mehrere Provinzen (Syria, Syria Palaestina und Arabia) verteilt, Gadara kam zu Syria Palaestina, und der Sonderstatus der Dekapolis wurde obsolet, da nun der territoriale Flickenteppich bereinigt war und die gesamte Levante direkter römischer Herrschaft unterstand. Von nun an ist eine stärkere römische Militärpräsenz zu verzeichnen, und der Bau der Via Nova Traiana, welche Aqaba mit Bostra verband, brachte der Region eine deutlich verbesserte Infrastruktur. Gadara lag zwar nur an einer Nebenstraße, doch unterstreicht der Bau die Interessen und das Engagement Roms in Transjordanien.

Bereits seit dem 1. Jh. v. Chr. gab Gadara eigene städtische Bronzemünzen aus, welche eine Primärquelle städtischer Selbstdarstellung und Geschichte sind (vgl. Abb. 8. 14–15. 17). Im 3. Jh. n. Chr. wurden sogar silberne Tetradrachmen in der Stadt geprägt. Das 2. und 3. Jh. n. Chr. sind Zeiten großer baulicher und wirtschaftlicher Prosperität in Gadara. Seit dem 4. Jh. n. Chr. lässt sich anhand mehrere Kirchenbauten eine

Abb. 5
Ansicht auf das Plateau des Tempels des Zeus Olympios.

Christianisierung der Stadt verfolgen, und die byzantinische Zeit ist wiederum eine Periode großer Prosperität. Mit der Schlacht am Jarmuk 636 n. Chr. wurde die Region islamisch erobert, doch scheint es zunächst keinen dramatischen Einschnitt in der materiellen Kultur gegeben zu haben. Erst schwere Erdbeben im 7. und 8. Jh. brachten ein Ende der urbanen Kultur und eine nahezu vollständige Aufgabe der Siedlung, die nunmehr in umayyadischer Zeit nur noch aus verstreuten Gebäuden bestand.

Natürlich anstehend sind in Gadara weißer Kalkstein und schwarzer Basalt, weshalb beide als Baumaterialien Verwendung fanden. Zentrum des hellenistischen Gadara war der Akropolishügel, der seit dem frühen 2. Jh. v. Chr. von einer Stadtmauer (Abb. 4) eingefasst war. Gut untersucht ist die Mauer an der Südseite, die ca. 2,2 m stark war und in der vorspringende Fünfecktürme vorhanden waren. An den Ecken waren große Rechtecktürme. Der Bau dieser Stadtmauer dürfte in der Folge der seleukidischen Eroberung erfolgt sein. Zu Beginn des 1. Jhs. v. Chr. wurde die Stadtmauer systematisch zerstört, was möglicherweise mit der hasmonäischen Eroberung zu erklären ist.

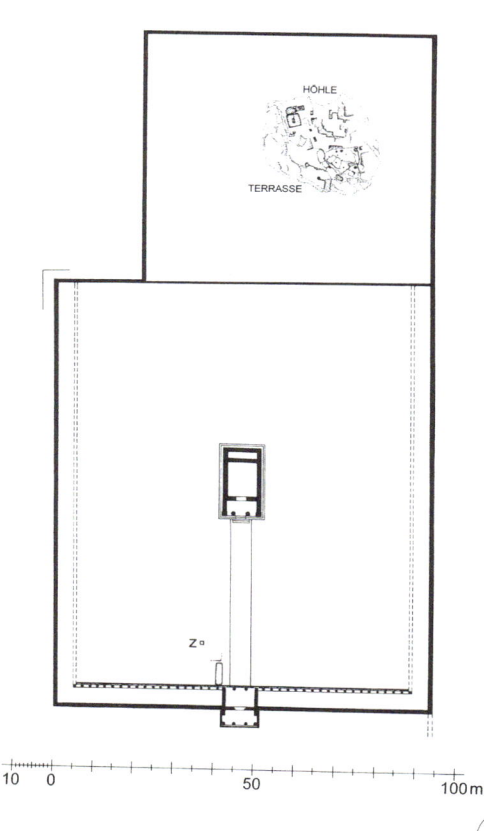

Abb. 6
Plan des Plateaus des Tempels des Zeus Olympios in hellenistischer Zeit.

Gadara – Stadt der Tempel und Philosophen | 105

Abb. 7
Kalksteinfries des Tempels des Zeus Olympios.

Abb. 8
Bronzemünze der Stadt Gadara unter Mark Aurel. Vs.: Kopf des Lucius Verus, Rs.: Zeus Olympios in viersäuliger Tempelarchitektur.

Die Binnenbebauung der Akropolissiedlung ist bislang kaum erforscht. Da jedoch das spätosmanische Dorf annähernd einem orthogonalen Plan folgt, kann vorsichtig angenommen werden, dass diese späteren Häuser ältere Grundmauern wiederverwendeten und die hellenistische Stadt ebenfalls einem ungefähr rechtwinkligen Plan folgte.

Das Baumaterial für die Stadtmauer wurde wahrscheinlich nordöstlich der Akropolis abgebaut. Dadurch entstand ein weitläufiges Plateau, welches außerhalb der Stadtmauer lag und noch im 2. Jh. v. Chr. bebaut wurde. In der Mitte des Plateaus wurde auf Tonnengewölben ein Tempel errichtet, der vermutlich vier Frontsäulen hatte und dorischer Ordnung war (Abb. 5. 6)[4]. Seine Größe betrug ca. 12 x 19,5 m. An der Südseite war das Plateau über ein Propylon zugänglich. Mehrere Fragmente der aufgehenden Kalksteinarchitektur des Tempels wurden auf dem Plateau gefunden (Abb. 7). Dieser Tempel wurde erst in der zweiten Hälfte des 1. Jhs. n. Chr. zerstört und kurze Zeit später wieder aufgebaut. Es ist sehr wohl denkbar, dass die Zerstörung im Kontext des Jüdischen Kriegs erfolgte. Der Tempel dürfte dem Zeus Olympios geweiht gewesen sein. Darauf deutet eine kaiserzeitliche Marmorstatuette des Gottes, die auf der Terrasse gefunden wurde. Zeus Olympios erscheint außerdem auf kaiserzeitlichen Münzen der Stadt (Abb. 8) und er ist auch in anderen Städten der Dekapolis mit seleukidischen Neugründungen zu verbinden[5], so dass bei einem solch prominenten städtischen Bauwerk des 2. Jhs. v. Chr. eigentlich nur an diesen dynastischen Gott der Seleukiden zu denken ist. Das Heiligtum begründete wahrscheinlich auch die auf Münzen angezeigte sakrale Unverletzlichkeit (Asylie) des Ortes. Auf einem nordöstlich gelegenen Felssporn sind eine Höhle und Felsabarbeitungen an der Oberfläche gefunden worden. Man hat überlegt, ob hier ein älteres Höhenheiligtum gelegen habe, welches mit den Seleukiden hellenisiert wurde und die ältere Gottheit als Zeus Olympios weiterverehrt wurde. Diese attraktive

Abb. 9
Ansicht des Westtheaters.

Überlegung, die uns in die vorhellenistische Vergangenheit der Stadt führen würde, muss jedoch kritisch betrachtet werden, da die Felsabarbeitungen wohl erst aus späterer Zeit stammen und bislang keine nennenswerten Funde einer vorhellenistischen Nutzungsphase dokumentiert wurden. Im 2./3. Jh. n. Chr. wurde auf dem Tempelplateau ein weiterer Tempel errichtet.

Bereits in späthellenistischer Zeit expandierte die Stadt nach Westen über die Akropolis hinaus und diese Expansion setzte sich in der römischen Kaiserzeit massiv fort. Voraussetzung war die *pax Romana*, die eine wirtschaftliche und urbanistische Blüte der Städte der Region nach sich zog. Doch zunächst hat Gadara vermutlich im Zusammenhang mit dem Jüdischen Krieg erst einmal eine neue Stadtmauer zur Verteidigung bauen müssen, die das nach Westen erweiterte Siedlungsgebiet einschloss. Die Westausdehnung erfolgte entlang der Hauptstraße, die nach Tiberias führte und von der – noch innerhalb des Stadtgebietes – eine Kreuzung nach Süden Richtung Skythopolis abzweigte.

Innerhalb der Stadt lagen die Bauwerke, die zum üblichen Inventar einer griechisch-römischen Stadt gehörten: Theater (Abb. 9), Thermen, Basilika, ein Nymphäum (Abb. 10), ein Hippodrom sowie Bogen- und Straßenmonumente. Die lange Hauptstraße war, wie wir es von anderen Hauptstraßen in Städten des Vorde-

Abb. 10
Ansicht des Nymphäums.

Gadara – Stadt der Tempel und Philosophen | 107

Abb. 11
Säulenstraße von Westen Richtung Akropolissiedlung.

ren Orients kennen, als Säulenstraße gestaltet (Abb. 11). Die meisten Bauwerke sind nur ungefähr in die Kaiserzeit zu datieren. An die Abhänge der Akropolissiedlung wurden die beiden Theater gebaut. Das größere Nordtheater, welches auf die Terrasse des Zeus Olympios-Heiligtums ausgerichtet war, war aus Kalkstein und Basalt errichtet und hatte einen Durchmesser des Zuschauerraums von ca. 84 m. Dieses Theater, welches heute stark unter Steinraub gelitten hat, wurde wahrscheinlich bereits in der frühen Kaiserzeit gebaut und im 4. Jh. n. Chr. in ein Amphitheater umgewandelt. Am Westabhang des Akropolishügels wurde wohl in der mittleren Kaiserzeit ein zweites, kleineres Theater errichtet, dessen Zuschauerraum einen Durchmesser von ca. 52 m aufwies (vgl. Abb. 9). Dieses Theater war an einer ungefähr Nord-Süd verlaufenden Querstraße orientiert, welche nach Osten von einer Terrasse abgeschlossen wurde, die sich in ihrem Unterbau mit heute noch gut erhaltenen *tabernae* (Läden) zur Straße öffnete (Abb. 12). Auf der Terrasse wurde in der Spätantike eine große Kirche errichtet, doch dürfte in römischer Zeit an dieser Stelle ein öffentliches Gebäude, vermutlich eine Basilika gestanden haben.

Gegenüber, an der Hauptstraße gelegen, stand ein großes Fassadennymphäum. Solche Nymphäen finden sich häufig in Städten des römischen Ostens und dienten der städtischen Selbstdarstellung. Vergleichbare Monumente gab es auch in den Dekapolis-Städten Pella, Gerasa und Philadelphia. Einzigartig an dem Gadarener Monument ist, dass es aus Marmor (u. a. Cipollino aus Karystos/Euböa) errichtet war. Marmor als Werkstoff von Architektur ist in der Region sehr selten, da er natürlich nicht anstand und über das Mittelmeer importiert werden musste. Dies verweist auf den hohen repräsentativen Wert des Nymphäums von Gadara.

Folgt man der Säulenstraße weiter nach Westen, so erreicht man den Abzweig der Straße nach Skythopolis. An der Stelle der Straßenkreuzung erhob sich, auf die abzweigende Straße ausgerichtet, ein Podienmonument. Die Funktion und Datierung des Monuments ist unklar. Ähnlich wie das Nymphäum dürfte sein Statuenschmuck der städtischen Repräsentation gedient und Ankommende aus Skythopolis begrüßt haben.

Westlich außerhalb der Stadtmauern des 1. Jhs. n. Chr. lagen weitere städtische Monumente. So ist die Straße gesäumt von mehreren Torbauten, von denen nur

Abb. 12
Tabernae.

einer zu einer erneuten Erweiterung des Stadtmauerrings in der Spätantike gehörte. Zwei weitere Toranlagen, das sogenannte Tiberiastor und das Bogenmonument *extra muros*[6] waren freistehende Bauwerke, welche die Straße für Ankommende von Westen markierten und architektonisch fassten. Sie kündigten die Stadt schon von weitem an und integrierten weitere vorstädtische Monumente wie einen nie fertiggestellten Hippodrom oder die Nekropole.

Mehrere Nekropolen umgaben die Stadt. Sie bestanden zum Teil aus aufwendigen unterirdischen Grabanlagen (Hypogäen) sowie aus obertägigen Podiengräbern. Über eines der Hypogäen in der Westnekropole in unmittelbarere Nähe zum Tiberiastor wurde in der Spätantike eine große Kirche gebaut. Thomas Weber, der sich mit diesem Bauwerk ausgiebig beschäftigt hat, schlägt vor, dass dieses Grabmonument möglicherweise in frühchristlicher Zeit mit der neutestamentlichen Tradition einer Dämonenaustreibung in der Nekropole von Gadara identifiziert wurde. Eine charakteristische Gattung der Gadarener Sepulkralkultur sind Basaltbüsten von Verstorbenen, von denen eine große Zahl in Gadara und Umgebung gefunden wurden.

Die Wasserversorgung der Stadt erfolgte zunächst über zahlreiche Zisternen innerhalb des Stadtgebietes und die tiefer gelegene Quelle Ain Qes. Im 2. Jh. n. Chr. wurden Überlandleitungen gebaut, die von der 11 km entfernten Quelle Ain Turab in einem ca. 22 km langen überwiegend unterirdisch verlaufenden Aquädukt Wasser in die Stadt führten (Abb. 13). Dieser Aquädukt gehörte zu einem ganzen System von unterirdischen Wasserleitungen in der Region, welches auch die Städte Abila und Adraa mit Wasser aus Südsyrien versorgte. Das System wurde erst vor wenigen Jahren entdeckt[7] und es dürfte zu einer über 100 km langen Fernleitung gehört haben, welche damit zu den längsten Wasserleitungen der antiken Welt gehört und welche möglicherweise in einer gemeinsamen Anstrengung mehrerer Städte projektiert und gebaut wurde.

Die gute Wasserversorgung der Kaiserzeit war Voraussetzung für die Thermenanlagen der Stadt, von denen Gadara mehrere besaß: Innerhalb der Stadt waren dies die sogenannten Decumanus-Thermen an der Säulenstraße, welche anscheinend erst im 4. Jh. n. Chr. in Betrieb genommen wurden. Ebenfalls erst spätantik sind die sogenannten Herakleides-Thermen in der kaiserzeit-

Abb. 13
Wasserleitung.

Abb. 14
Bronzemünze der Stadt Gadara unter Vespasian. Vs.: Kopf des Vespasian, Rs.: Tyche mit Kranz.

lichen westlichen Stadterweiterung nördlich der Säulenstraße. Am bekanntesten waren aber die Thermenanlagen in Hammath Gader, im Tal des Jarmuk, wo heiße Mineralquellen zu Tage treten. Diese Badeanlage war in der antiken Welt weithin bekannt, wurde Mitte des 2. Jhs. n. Chr. errichtet und war kontinuierlich bis zu einer Erdbebenzerstörung 749 n. Chr. in Gebrauch. Die Gesamtfläche des Thermalbades betrug ca. 5000 m² und hatte einen rechteckigen Grundriss. Es bestand aus einer Palästra in einem Hof und dem eigentlichen Badegebäude mit einer Quellfassung, von der aus das Thermalwasser in unterschiedliche Becken verteilt wurde. Das Wasser hatte eine Temperatur von 52 Grad, weshalb eine ansonsten in römischen Bädern vorhandene Heizung von Wasser und Räumen mithilfe von Hypokausten überflüssig war. Hammath Gader verfügte außerdem über Wohnbauten, Gräber und ein kleines Theater. Damit war Hammath Gader ohne Zweifel der wichtigste Ort im Umland des Stadtgebiets von Gadara, wobei es weitere Siedlungen im Umland gab, die nicht allein einfache landwirtschaftliche Gehöfte, sondern durchaus auch mit aufwendigen Gebäuden versehene Ortslagen waren. An erster Stelle ist das ca. 2,5 km östlich von Gadara gelegene el-Kabu zu nennen, wo ein kleiner Podiumtempel des 1. Jhs. n. Chr. gefunden wurde.

Eine wichtige Zeugnisgattung der Stadtgeschichte ist bislang noch nicht betrachtet worden: die städtische Münzprägung. Sie ist von besonderem Interesse, weil sie – insbesondere auf den Rückseiten der Bronzen – städtische Themen, Bauwerke und Gottheiten abbildete und uns somit ein Einblick in das städtische Selbstbewusstsein gegeben wird[8]. Gadara hat bereits bald nach Pompeius Münzen ausgegeben, auf denen die Stadt den Kopf der lokalen Tyche als Zeichen der politischen Autonomie abbildete. Tyche findet sich dann in der Folgezeit im 1. und 2. Jh. n. Chr. in der Münzprägung. Zur Zeit des Jüdischen Kriegs ist sie triumphierend mit Kranz dargestellt (Abb. 14), später ist sie stehend in einem Tychaion, einem Tycheheiligtum abgebildet. Ein solches Bauwerk ist bislang nicht identifiziert. Zeus Olympios dagegen, dessen Tempel vermutlich auf der Terrasse nördlich der Akropolissiedlung lag, ist gut in der Münzprägung sowohl als Büste, als auch thronend in seinem Tempel mit viersäuliger Front bezeugt (vgl. Abb. 8).

Eine andere bedeutende Gottheit der Gadarener Münzprägung ist Herakles, der vor allem als Büste, aber auch im Kampf mit einem Monster gezeigt wird. Auf einigen Prägungen ist Herakles das Blitzbündel des Zeus beigegeben (Abb. 15) und typologisch orientiert sich der Herakles von Gadara an dem Herakles-Melqart von Tyros. Es ist daher wahrscheinlich, dass der in Gadara verehrte Herakles von demjenigen aus dem nahegelegenen Tyros an der phönikischen Küste beeinflusst wurde. Von einem Heiligtum des Herakles fehlt bislang jede Spur, doch ist an dem Podienmonument eine Statue des Herakles gefunden worden und an dem spätantiken Bogenmonument *extra muros* war an der Landseite eine Herakleskeule über dem mittleren Durchgang angebracht (Abb. 16). Herakles muss daher als eine der wichtigsten Gottheiten von Gadara angesprochen werden. Seine Verbindung zu dem Gott von Tyros verweist darauf, dass die Stadt auch vorhellenistische Kulttraditionen bis in die späte Kaiserzeit pflegte. Nach Ausweis der Münzen wurde außerdem Athena in der Stadt verehrt, und Gadara scheint ein Heiligtum der drei Chariten besessen zu haben. Seit Mark Aurel hat Gadara zudem ein Kriegsschiff auf seinen Münzen abgebildet (Abb. 17). Dieses Kriegsschiff dürfte gemäß der Legende auf Festspiele verweisen, die anlässlich der Schlacht von Aktium 31 v. Chr. stattgefunden haben.[9] Sie sind Zeugnis für die Übernahme römischer Feste durch die Stadt. In diesem Zusammenhang ist darauf hinzuweisen, dass Gadara auch den Beinamen Pompeia nach Pompeius trug, und eine barhäuptige Büste auf den Münzen von Gadara könnte zu Ehren des Pompeius abgebildet worden sein. Diese Orientierung an Rom wird in der Münzprägung selbstverständlich kontinuierlich durch die Darstellung des Kaisers oder der Kaiserin auf den Vorderseiten ausgedrückt und auch ein weiteres Zeugnis ist hier zu erwähnen: Eine Inschrift belegt den Kult der Dea Roma, der vergöttlichten Stadt Rom. Der Kult ist im Vorderen Orient sehr selten, und in Gadara kann die Kultgründung möglicherweise mir der Befreiung des Pompeius oder mit der Wiedereingliederung der Stadt in die Provinz Syria nach dem Tod des Herodes begründet werden.

Das griechisch-römische Gadara war direkter Nachbar von Galiläa. Gadara war eine griechisch geprägte pagane Stadt, die in unmittelbarem Austausch mit den Orten um den See stand und etwa mit der säulengesäumten Hauptstraße und seinen Bogenmonumenten die Verbindung nach Westen auch architektonisch inszenierte. In der Stadt und seinem Umland lebte pagane Bevölkerung ebenso wie jüdische und christliche. Die Nähe zu Galiläa konnte sich in Krisenzeiten wie dem Jüdischen Krieg negativ für die Stadt auswirken, und die Annexion der Stadt durch die Hasmonäer und später durch Herodes war sicher kein Ereignis, welches von der griechisch geprägten Stadt begrüßt wurde. Der griechische Charakter der Stadt ist spätestens auf die seleukidische Zeit zurückzuführen, nun wurde Zeus Olympios eingeführt und die zahlreichen Intellektuellen Gadaras in hellenistischer Zeit sind Ausdruck einer beachtlichen kulturellen Blüte. Auch Kulte, wie sie vor allem über die kaiserzeitlichen Städteprägungen bekannt sind, verweisen auf das griechisch-pagane Gepräge der Stadt, wobei etwa im Zusammenhang mit Herakles nicht vergessen werden darf, dass er nicht einfach ein griechischer Gott war, sondern

Abb. 15
Bronzemünze der Stadt Gadara unter Mark Aurel. Vs.: Kopf des Lucius Verus, Rs.: Kopf des Herakles mit Blitzbündel.

Abb. 16
Keule im Schlussstein des Bogenmonuments.

Abb. 17
Bronzemünze der Stadt Gadara unter Mark Aurel. Vs.: Kopf des Mark Aurel, Rs.: Schiff.

Gadara – Stadt der Tempel und Philosophen | 111

er eine Verortung im syro-phönikischen Milieu hatte. Mit der Hellenisierung fand also nicht eine vollständige kulturelle Homogenisierung statt, sondern lokale Traditionen und Gottheiten bestanden weiter und konnten sich prächtig entwickeln. Dasselbe gilt auch für die Urbanistik der Stadt, die zwar stark griechisch-römisch überformt war, aber mit der Säulenstraße wiederum lokalspezifische Elemente besaß, wie sie typisch für den hellenisierten Vorderen Orient waren. Deutlich greifbar wird auch der römische Einfluss, wie er etwa mit den Aktiumschiffskampf nachzuzeichnen ist. Diese Mischung aus lokalen, griechischen und römischen Elementen ist typisch für die Städte des Vorderen Orients und die jeweilige stadtspezifische Ausprägung macht jede einzelne zu einem individuellen Sonderfall, welcher nur unter Einbeziehung aller Elemente verständlich wird.

Adresse der Autoren

Prof. Dr. Achim Lichtenberger
Institut für Archäologische Wissenschaften
Ruhr-Universität Bochum
Am Bergbaumuseum 31
D–44791 Bochum

Prof. Dr. Rubina Raja
Institute for Culture and Society
Section für Classical Studies
Aarhus University
Viktor Albecks Vey 2
DK–8000 Aarhus C

Bildnachweis

Abb. 1: Bührig 2009, Taf. 1; 2, 4, 9–11, 13: Foto T. M. Weber; 3, 5, 12, 16: Foto A. Lichtenberger; 6: nach Hoffmann 2002, 105 Abb. 156; 8: Classical Numismatic Group 76, 12. September 2007, lot1118; 14: Heritage World Coin Auctions March 2012, lot 20621; 15: Classical Numismatic Group 75, 23. May 2007, lot 852; 17: Lichtenberger 2003, MZ 50.

Anmerkungen

1 Zu Gadara siehe im Folgenden insbesondere die umfassende Monographie T. M. Weber, Gadara Decapolitana. Untersuchungen zur Topographie, Geschichte, Architektur und Bildenden Kunst einer «Polis Hellenis» im Ostjordanland (2002). Vgl. auch die zusammenfassenden Artikel in dem Sammelband A. Hoffmann / S. Kerner (Hrsg.), Gadara – Gerasa und die Dekapolis (2002) und A. Lichtenberger, Kulte und Kultur der Dekapolis. Untersuchungen zu numismatischen, archäologischen und epigraphischen Zeugnissen (2003) 83–114. Speziell zu Gadara und Galiläa siehe T. M. Weber, Gadara and the Galilee, in: J. Zangenberg / H. W. Attridge / D. M. Martin (Hrsg.), Religion, Ethnicity, and Identity in Ancient Galilee. A Region in Transition (2007) 449–477.

2 M. Wörrle, Eine hellenistische Inschrift aus Gadara, in: Archäologischer Anzeiger 2000, 267–271.

3 http://www.tallziraa.de/Tall-Zira`a/Einzelfunde/Steingefaess/0_411.html. Nach freundlicher Mitteilung von D. Vieweger wurden mittlerweile ca. 35 Fragmente von Steingefäßen gefunden. Zu weiterer Keramik vgl. Weber 2007 (s.o. Anm. 1), 460.

4 Vgl. C. Bührig, Das Theater-Tempel-Areal von Gadara/Umm Qais. Struktureller Wandel eines urbanen Raumes, Zeitschrift für Orient-Archäologie 2, 2009, 162–207.

5 Vgl. A. Lichtenberger, Artemis and Zeus Olympios in Roman Gerasa and Seleucid religious policy, in: T. Kaizer (Hrsg.), The Variety of Local Religious Life in the Near East in the Hellenistic and Roman Periods (2008) 133–153.

6 Vgl. dazu jetzt C. Bührig, Das spätkaiserzeitliche Bogenmonument extra muros in Gadara. Städtebauliche Bedeutung und Funktion eines freistehenden Torbaus an der Schnittstelle von Stadt und Umland (2008).

7 Vgl. M. Döring, Qanat Firaun. 106 km langer unterirdischer Aquädukt im nordjordanischen Bergland, in: Schriften der Deutschen Wasserhistorischen Gesellschaft 10 (2008) 1–16; ders., Der längste Tunnel der Welt, in: AW 40/2 (2009) 26–34.

8 Zu der Münzprägung vgl. Lichtenberger (Anm. 1) sowie A. Spijkerman, The Coins of the Decapolis and Provincia Arabia (1978) 126–155. Zu den Kulten vgl. auch N. Riedl, Gottheiten und Kulte der Dekapolis (Dissertation FU Berlin 2003, http://www.diss.fu-berlin.de/diss/receive/FUDISS_thesis_000000001712).

9 Vgl. P. L. Gatier, Decapolitana, in: Syria 84 (2007) 169–184.

Hippos-Sussita – Eine Stadt der Dekapolis am See Gennesaret in der hellenistischen und römischen Periode

von Arthur Segal

Rund 2 km östlich des Sees Gennesaret liegt Sussita, wie ein leicht geneigter, nach Westen blickender Pferdekopf den Abhängen der Golanhänge vorgelagert (Abb. 1). Sowohl der aramäisch-hebräische als auch der griechische Name des Ortes spielen auf die ungewöhnliche Form des Berges an: Sussita und Hippos bedeuten «Pferd». Das rechteckige Plateau Sussitas erhebt sich bis zu einer Höhe von 144 m über den Meeresspiegel und bis zu 350 m über die Oberfläche des Sees Gennesaret. Der höchste Punkt des Berges liegt im Osten, von wo aus das Plateau langsam in Richtung Westen abfällt. Die nördlichen Hänge sind besonders steil, an deren Fuß fließt der En Gev-Bach in einer tiefen, unzugänglichen Rinne. Der Südhang ist nur wenig steiler als der nördliche, hier bahnt sich der Sussita-Fluss seinen Weg zum See durch den schmalen Küstenstreifen unterhalb des Berges. Der

Abb. 1
Hippos / Sussita, Ansicht von Westen. Gut sichtbar ist die freistehende Lage des Berges, umgeben von tief eingeschnittenen Wadis.

Abb. 2
Blick von Hippos / Sussita über den See Gennesaret, im Hintergrund rechts der Berg Tabor.

Westhang Sussitas fällt sehr steil zum See ab, allein an dessen Ostseite erlaubt ein relativ flacher Sattel den problemlosen Aufstieg zum Plateau. In der Vergangenheit wie auch heute kann man Sussita auf zwei Wegen besteigen: Die Westroute erklimmt die 350 m Höhenunterschied über einen schlangengleichen, gewundenen Geröllpfad, während die Ostroute über den Sattel nur leicht ansteigt und gut zu bewältigen ist. Hat man das Plateau von Sussita aber einmal erklommen, dann eröffnet sich eine leicht gewellte und sanft von Ost nach West geneigte Ebene mit spektakulärer Sicht in alle Richtungen, die sich hervorragend zur Anlage einer Stadt eignet (Abb. 2).

Forschungsgeschichte

Der prominente Berg konnte Reisenden und Forschern natürlich nicht verborgen bleiben. Als erster führte der Eisenbahningenieur Gottlieb Schumacher in Jahre 1885 Vermessungen auf Sussita durch und hinterließ detaillierte Beschreibungen antiker Baureste. Noch heute ist Schumachers Plan von Sussita für die Forschung von großer Bedeutung. Neben der Hauptstraße, die den gesamten Ort von Ost nach West durchzieht, verzeichnete der Plan ebenfalls Abschnitte der das Plateau umgebenden Befestigung (Abb. 3).

Nach der Gründung von Kibbutz En Gev im Jahr 1937 wurden einige weitere Surveys auf Sussita durchgeführt. Zu Beginn der 1950er Jahre richtete die israelische Armee einen Vorposten auf dem Plateau ein, der umfangreichen Schaden an zahlreichen antiken Bauten verursachte. Zusätzlich zu Laufgräben, Schützennestern und Munitionslagern errichtete das israelische Militär zwei permanente Kasernengebäude für die Besatzung des Außenpostens auf dem Plateau. Während der Errichtung des südlichen Gebäudes wurde eine große Kirche (die Kathedrale?) teilweise freigelegt, eine von mittlerweile acht Kirchen in Sussita, für die wir reale materielle Hinweise besitzen (Abb. 4). Zu Beginn der 1990er Jahre führten israelische und deutsche Wissenschaftler

Untersuchungen am städtischen Wasserversorgungssystem durch.

Erst seit dem Jahr 2000 jedoch finden jährlich ausgedehnte, systematische Grabungen durch ein internationales Team mit Mitgliedern von drei Forschungseinrichtungen statt: Prof. Arthur Segal und Dr. Michael Eisenberg (beide vom Zinman Institute of Archaeology der Universität Haifa) führen das Team an, Kodirektoren der Grabungen sind Professor Jolanta Młynarczyk von der Polnischen Akademie der Wissenschaften, Dr. Mariusz Burdajewicz vom Nationalmuseum in Warschau und Prof. Mark Schuler von der Concordia University in St. Paul, Minnesota, USA. Der Berg Sussita liegt innerhalb des Sussita National Park, so dass die Grabungsaktivitäten ferner substantielle Unterstützung durch die israelische Nationalparkbehörde erhalten (Abb. 5).

Die Geschichte der Stadt auf Sussita

Archäologische Funde sowie historische Daten wie etwa der griechische Name der Stadt Antiochia Hippos belegen allesamt, dass die Stadt in der ersten Hälfte des 2. Jhs. v. Chr. gegründet wurde, vermutlich unter der Herrschaft von Antiochus IV. Epiphanes (175–164 v. Chr.). Die Keramik und numismatischen Funde aus der Grabung im Hellenistischen Bereich (Hellenistisches Heiligtum, s. u.) bestätigen jedoch, dass bereits am Ende des 3. Jhs. v. Chr. eine kleine ptolemäerzeitliche Vorgängersiedlung existierte.

Nach der Gründung durch Antiochus scheint die Stadt aufgrund ihrer prominenten Lage rasch eine wichtige Position eingenommen zu haben. Seit dem 2. Jh. v. Chr. begegnet Sussita in einer Anzahl historischer Quellen. Im Jahre 83 v. Chr. eroberte Alexander Jannäus die Stadt, doch wurde die Herrschaft der Hasmonäer bereits 63 v. Chr. durch die der Römer abgelöst, als Sussita und andere Städte am Ostufer des Jordan nach dem endgültigen Zusammenbruch des Seleukidenreiches jüdischer Kontrolle entzogen und in die Provincia Syria integriert wurden. Es überrascht daher nicht, dass die Bewohner Sussitas und benachbarter hellenistischer Städte wie Gadara, Gerasa oder Skythopolis ihren Kalender mit diesem Jahr 63 v. Chr. beginnen («pompeianischer Kalender») und damit deutlich machen, wie willkommen die römische Machtübernahme für diese griechischen Städte war.

Sussita gehörte hinfort zur sogenannten Dekapolis, einem lockeren administrativen Zusammenschluss griechisch geprägter Städte innerhalb der Provinz Syria. Zwei historische Quellen erwähnen die Dekapolis (Flavius Josephus, *Antiquitates Iudaicae* 14,76 und Plinius d. Ä.,

Abb. 3
Luftaufnahme von Hippos/Sussita von Westen. Im Vordergrund das *odeion* (Odeum).

Abb. 4
Israelische Kasernenbauten oberhalb der Apsiden der «Bischofskirche».

Abb. 5
Hippos/Sussita, Stadtplan mit den wichtigsten ergrabenen Gebäuden.

1 - Ost-Tor
2 - Kathedrale
3 - Röm. Bastion u. Südtherme
4 - Therme
5 - Forum
6 - Röm. Tempel
7 - Nord-Ost-Kirche
8 - Gebiet östlich des hellenistischen Heiligtums
9 - Hellenistisches Heiligtum
10 - Nord-West-Kirche
11 - Abschnitt der Nordmauer
12 - Basilica
13 - Odeum
14 - Decumanus Maximus
15 - Süd-West-Kirche
16 - West-Tor
T - Turm

Abb. 6
Das Stadtzentrum aus der Luft von Norden. Links die Nordostkirche mit benachbarten Wohnbauten, rechts daneben die Basilica, dann das hellenistischen Heiligtum mit der darüber errichtetem Nordostkirche. In der Mitte des Bildes verläuft die Hauptstraße quer über das Plateau.

Abb. 7
Die «Kathedrale» (6. Jh.), ein prachtvoller Kirchenbau mit drei Apsiden und gewaltigen Säulen, die ursprünglich zu ehemaligen Monumentalbauten der hellenistisch-römischen Stadt gehörten. Das Erdbeben von 749 hat alles zu Fall gebracht.

Naturgeschichte 5, 16, 74), wörtlich «die zehn Städte». Abgesehen von der einzigen Ausnahme Bet Shean liegen die Städte der Dekapolis östlich des Jordan. Zusammen mit ihrem Umland bildeten sie einen breiten Siedlungsblock, der sich von Philadelphia (das heutige Amman, die Hauptstadt des Königreichs Jordanien) im Süden über Sussita im Nordwesten und Bet Shean im Westen bis nach Kanawat im Osten erstreckte. Die Städte der Dekapolis gestalteten ihr Leben auch unter den Römern nach den Prinzipien einer griechischen *polis* und bildeten ein Element griechischer Kultur inmitten einer von zumeist semitischen Völkern bewohnten Region. Entgegen einer verbreiteten Annahme bildeten die Städte der Dekapolis keinen festen «Städtebund» (*symmachia*) wie etwa der Delische Bund, den Athen im 5. Jh. v. Chr. gegen die Perser anführte. Der Stolz der Dekapolisstädte über ihren *polis*-Status und ihre Zugehörigkeit zum griechischen Kulturkreis kommt zum Beispiel in einem Ereignis aus der Regierungszeit des jüdischen Königs Herodes zum Ausdruck (37–4 v. Chr.). Als Kaiser Augustus die Grenzen des herodianischen Reiches erweiterte, schlug er auch Gadara und Hippos zu dessen neuen Gebietserwerbungen hinzu. Dies führte zu heftigen Protesten der Bürger, die viel lieber bei der Provincia Syria geblieben wären (Flavius Josephus, *Antiquitates Iudaicae* 16, 217). Nach dem Tod des Herodes fielen die beiden Städte folglich auch wieder an Syria. Das Verhältnis zwischen Juden und Nichtjuden war belastet. Als im Jahre 66 n. Chr. der Jüdische Krieg ausbrach, kam es zu Pogromen an der jüdischen Gemeinde in Sussita durch nichtjüdische Mitbewohner, Aufständische aus Galiläa und dem Umland griffen die Stadt an (Flavius Josephus, *Bellum Iudaicum* 2, 459. 478).

Trotz aller Opfer und Spannungen scheint Sussita auch in späterer Zeit eine heidnische Stadt mit jüdischer Minderheit geblieben zu sein, Hinweise darauf finden sich noch im Jerusalemer oder im Babylonischen Talmud (Jerusalemer Talmud, *Ketubot* 12:4; Babylonischer Talmud, *Rosh Hashana* 2:1). Jüdische Quellen aus der byzantinische Epoche legen zudem nahe, dass es einige jüdische Dörfer auf dem Stadtgebiet von Sussita gab (Tosefta, *Shevi'it* 4,10; Tosefta, *Ohalot* 18,4). Die Beziehungen zwischen der jüdischen Stadt Tiberias und dem überwiegend heidnischen Sussita waren durch Handel und Wettbewerb gekennzeichnet. Nicht zuletzt berichtet auch das Neue Testament von Aktivitäten Jesu in der Region um den See Gennesaret: «Und als er wieder fortging aus dem Gebiet von Tyrus, kam er durch Sidon an das Galiläische Meer, mitten in das Gebiet der Dekapolis!» (Mk 7,31).

Abb. 8
Das runde Mauerwerk des Ostturms.

Abb. 9 (rechts)
Der Decumanus mit Blick nach Westen.

Auf der Basis all dessen, was während nunmehr 12 Grabungsperioden in Sussita ans Licht gekommen ist, ist deutlich, dass Sussita wie auch der Rest der Dekapolis vor allem während der *pax Romana* des 1. bis 3. Jhs. n. Chr. blühten, die Ruhe, offene Grenzen und weitreichende Handelsbeziehungen brachte. Der Reichtum von Sussita zeigt sich vor allem in ehrgeizigen Baumaßnahmen in der gesamten Stadt. Es scheint, als ob die meisten öffentlichen Bauten, deren Ruinen zurzeit Schritt für Schritt aufgedeckt werden, genau in dieser Periode errichtet wurden. Diese Bauten waren Zeugnis der städtischen Stolzes der Bürger und ihrer Loyalität zu Rom und seinen Kaisern. Selbst in der byzantinischen Periode (4.–7. Jh.) war das Schicksal Sussita gewogen und der Wohlstand behielt Bestand. Zu dieser Zeit gehörte Sussita zur Provinz Palaestina Secunda, der nördlichsten von drei Verwaltungsdistrikten der Byzantiner. Zeitgenössischen Quellen können wir entnehmen, dass Sussita eine wichtige Rolle als Bischofssitz innehatte. Acht Kirchen wurden bisher gefunden, fünf davon wurden bisher in verschiedenem Maße ausgegraben (Abb. 6). Diese Kirchen dokumentieren, dass der Prozess der Christianisierung in Sussita ab dem 4. Jh. n. Chr. rapide und nachhaltig von Statten ging, so dass bis ins 6. Jh. die Mehrheit der Bewohner von Sussita wohl Christen waren. Archäologische Hinterlassenschaften jüdischer Präsenz konnten bisher nicht gefunden werden, doch ist das sicher nur eine Forschungslücke. Die archäologischen Befunde beweisen ferner, dass der Übergang von der byzantinischen in die früharabische (umayyadische) Zeit ohne Zerstörungen ablief. Die Kirchen waren im 7. Jh. weiterhin in Gebrauch und blühten sogar bis ins 8. Jh. Es gibt jedoch klare Anzeichen für einen Niedergang in der urbanen Landschaft Sussitas. Neue öffentliche Bauten wurden nicht mehr errichtet, stattdessen breiteten sich private Läden, Werkstätten und Privathäuser ungeregelt in den öffentlichen Raum wie Plätze und Straßen aus. Diese Gebäude waren oft nachlässig geplant und ohne große Qualität ausgeführt, veränderten aber das Gesicht der Stadt nicht unwesentlich: Die große Säulenallee ähnelte nun mehr und mehr einer orientalischen Marktstraße wie sie häufig in Städten des Ostens vorkommen.

Das Ende von Sussita kam mit dem verheerenden Erdbeben, das im Jahre 749 die gesamte Region verwüstete. Umgestürzte Säulen, zerdrückte Mauern und über das gesamte Stadtgebiet verstreute Kleinfunde bezeugen, dass die Zerstörung plötzlich und mit gewaltiger Wucht über die Stadt hereinbrach. Die Stadt wurde offensichtlich unmittelbar nach dem Beben verlassen und nie wieder besiedelt (Abb. 7).

Abb. 10
Das Forum, das urbane Zentrum der Stadt. Auf dem qualitätvollen Basaltpflaster liegen Säulen des eingestürzten Umgangs, links die Südmauer des hellenistischen Heiligtums.

Die Struktur der Stadt

Die Struktur der Stadt korrespondierte erwartungsgemäß mit der Form des Bergplateaus, auf dem sie errichtet wurde und die ihre unregelmäßig-rhomboide Form bestimmte. Die Längsachse erstreckt sich von Ost nach West über 550 m, die maximale Breite beträgt ca. 220 m. Die Grundfläche Sussitas von ca. 8,6 ha war in Gänze mit einer 1550 m langen Mauer umgeben. Obwohl bisher nur ein geringer Teil der Stadt aufgedeckt wurde, ist deutlich zu sehen, dass der Stadtplan im klassischen Schachbrettmuster angelegt war, d. h. dass sich die Straßen rechtwinklig kreuzten und rechteckige Blöcke (*insulae*) umgrenzten, in denen die Wohnbebauung angelegt war.

Stadtmauern und Tore

Sussita war mit einer starken Mauer aus behauenen Basaltblöcken umgeben. Abgesehen von einigen Stellen, an denen sie in die Täler abgestürzt ist, ist der Verlauf der Mauer gut im Gelände zu erkennen. Ihre Erbauer unternahmen große Anstrengungen, um sie genau auf der Abbruchkante um den Berg herum zu führen. In den meisten Fällen wurde die erste Lage direkt auf den geglätteten Felsstock gelegt, wo aber der Fels dies nicht erlaubte, platzierte man die erste Steinlage auf einer Schicht aus Geröll und Bindematerial. In unregelmäßigen Abständen verstärkten rechteckige oder quadratische Türme die Mauer. Bisher wurden nur einige wenige Abschnitte der nördlichen und der südlichen Mauer freigelegt. Die typologische Analyse der Mauerblöcke und ihrer Verarbeitung, wie auch die assoziierten Keramik- und Münzfunde belegen allesamt, dass die erste Bauphase der Befestigung zwischen die 2. Hälfte des 2. Jhs. v. Chr. und den Beginn des 1. Jhs. v. Chr. zu datieren ist. Seit dieser Zeit und durch die

Abb. 11
Die Kalybe (Tempel für den Kaiserkult), errichtet an der Westseite gegenüber dem Forum von Hippos/Sussita, Blick von Osten.

römische, byzantinische und umayyadische Periode hindurch wurde die Mauer unzählige Male repariert.

Hippos-Sussita besaß zwei Tore. Das Westtor schloss das westliche Ende des *decumanus maximus* zum See Gennesaret hin ab. Es ist schlecht erhalten und wurde noch nicht ausgegraben. Das Osttor am östlichen Ende des *decumanus maximus* aber wurde ausgegraben und sein Grundriss kann trotz der nur teilweisen Erhaltung rekonstruiert werden. Das Osttor liegt am oberen Rand einer Felskante gegenüber dem Sattel und besaß eine einzige, 3 m breite Durchfahrt. Je ein Turm flankierte die beiden Seiten: der nördliche war quadratisch (ca. 3,5 m x 3,5 m) und ist praktisch ganz verschwunden. Einige Lagen des runden, südlichen Turms jedoch sind noch erhalten (Abb. 8). Dessen sorgsam behauene Basaltblöcke waren in die Mauer integriert, mit der zusammen der Turm eine schwer zu überwindende Barriere für alle bildete, die sich der Stadt von Osten näherten. Der Turm hatte einen äußeren Umfang von ca. 8 m und scheint drei Stockwerke hoch gewesen zu sein. Er war in typisch hellenistischer Bauweise errichtet und vielleicht mit Geschützen auf jedem Stockwerk bestückt, um alle Feinde unter Beschuss zu nehmen, die ihre Belagerungsmaschinen auf der einzig möglichen Route an die Stadt heranführten, nämlich von Osten her über den Geländesattel. Die Typologie des Tores und der Vergleich mit anderen Toren in Tiberias und Gadara legen nahe, dass das Osttor von Sussita am Ende des 1. Jhs. n. Chr. errichtet wurde.

Das Straßennetz

Jeder moderne Besucher von Sussita wird sofort die Hauptverkehrsader der Stadt erkennen, die auf ca. 550 m Länge die gesamte Stadt von Ost nach West durchschneidet (Abb. 9). Dies ist der *decumanus maximus*, eine mit Säulenhallen gesäumte Prachtstraße. Der *decumanus* endete ungefähr in der Mitte der Stadt, wo sich der zentrale öffentliche Platz befand (s. u.).

Abb. 12
Das Stadtzentrum von Hippos/Sussita. Das hellenistische Heiligtum, darüber die Nordwestkirche. Interessant sind die Weinpressen südlich und nördlich der Kirche, ebenso die Reste der Freitreppe des römischen Tempels (*scalaria*), die an der Südseite des hellenistischen Heiligtums errichtet wurde.

Einige Abschnitte zweier *cardines*, der Nord-Süd verlaufenden Querstraßen, die den *decumanus* schnitten, sind bisher angegraben worden. Diese Befunde, sowie Luftaufnahmen der RAF aus den 1940er Jahren vor der Errichtung des israelischen Armeepostens zeigen, dass die Anzahl der *cardines* größer war als zuvor angenommen. Eine präzise Analyse des Straßennetzes von Sussita allein auf der Basis von Luftaufnahmen ist natürlich problematisch. Im Zuge der fortschreitenden Grabungen werden neu entdeckte Straßenzüge jeweils auf dem Stadtplan verzeichnet, das Bild wird sich im Lauf der Zeit durch neue Befunde sicher noch präzisieren. So konnte etwa während des von M. Heinzelmann und R. Rosenbauer 2004 im Auftrag des Deutschen Evangelischen Instituts für Archäologie des Heiligen Landes durchgeführten Surveys in den südwestlichen Teilen von Sussita eine teilweise Rekonstruktion des Straßennetzes in diesem Stadtteil angefertigt und ein zweiter *decumanus* identifiziert werden. Hierbei handelt es sich um ein Wohnquartier, das ebenso wie die öffentlichen Areale im Zentrum von Sussita planmäßig angelegt war. Es scheint, als ob die Hauptstraße dieses Viertels parallel zum *decumanus maximus* verlief, so dass wir hier wohl erstmals einem der sekundären *decumani* begegnen, die maßgeb-

Abb. 13
Das Stadtzentrum von Hippos/Sussita. Links das hellenistische Heiligtum, in der oberen Bildmitte die Basilica, darunter das gepflasterte Forum.

lich mit für die optimale Ausnützung und Erschließung des begrenzten Raumes auf dem Plateau sorgten.

Gut 240 m der kolonnadengesäumten Hauptachse des *decumanus maximus* sind bisher freigelegt worden, man bekommt also ein guten Bild hinsichtlich Dimensionen und Ausstattung. Die 4,2 m breite Straße war sorgfältig mit unregelmäßig angeordneten Basaltplatten gepflastert und an beiden Seiten mit Säulenmonolithen aus grauem Granit aus Assuan gesäumt. Zahlreiche Säulen, die ursprünglich längs der Straße standen, sind nun an der Oberfläche verstreut. Die Maße dieser Säulen sind stets identisch: 4,6 m hoch, 0,6 m Durchmesser und 3,7 t schwer. Sie standen auf attischen Basen, die nicht direkt auf die Stylobatmauer, sondern auf niedrige Podeste gesetzt waren. Die Basen und Podeste waren aus Basalt gefertigt, die korinthischen Kapitelle aus weißem Marmor, alles macht einen gediegenen, luxuriösen Eindruck.

Abb. 14
Zustand der Basilica am Ende der 12. Grabungssaison (Juli 2011), Blick von Nordosten.

Öffentliche Plätze und Gebäude

Das Forum

Im Zentrum von Sussita befand sich ein quadratischer Platz von 42 m x 42 m Umfang, der wie der auf ihn zulaufende *decumanus maximus* sorgfältig mit rechteckigen Platten gepflastert war (Abb. 10). Am südlichen Ende der Piazza führte ein hervorragend erhaltener Treppenabgang zu einem unterirdischen Wasserreservoir hinab, das mit einem beeindruckenden Tonnengewölbe abgedeckt war. Diese Zisterne misst 9 m x 6 m x 20 m und ist praktisch ohne jeglichen Schaden erhalten geblieben.

Entlang der östlichen und nördlichen Seite des Forums verliefen Kolonnaden in der Form des griechischen Buchstaben Γ. Einige der ursprünglich zu den Kolonnaden gehörenden Säulenschäfte liegen nun verstreut auf der Oberfläche des Forums und bezeugen die

Abb. 15
Luftaufnahme des *odeion* (Odeum) mit Bühnengebäude und teilweise ausgegrabenen Sitzreihen.

ungeheure Kraft des Erdbebens von 749, das sie zum Einsturz gebracht hatte. Die Säulenschäfte aus grauem Granit ruhten auf attischen Basen und waren mit korinthischen Kapitellen gekrönt, Basen und Kapitelle bestanden jeweils aus weißem Marmor. Genau wie entlang der Hauptstraße waren die Säulen auch hier nicht direkt auf die Stylobate gesetzt, sondern auf hohe Podeste aus qualitätvollem Kalkstein. Das gesamte Ensemble aus Kolonnadenstraße und Säulenhallen war einheitlich und monumental gestaltet und verfehlte sicher seine Wirkung nicht.

Auf der Westseite des Forum standen zwei Gebäude Seite an Seite. Die erste war eine offene, *exedra*-ähnliche Struktur, deren 19 m lange Front auf das Forum gerichtet war. Die halbrunde Nische im Zentrum war mit einer Halbkuppel bedeckt. Das Gebäude diente offensichtlich als Kalybe, als Tempel für den Kaiserkult (Abb. 11). Leider ist nur der untere Teil des Monuments gut erhalten.

Bedauerlicherweise ist noch weniger vom Gebäude nördlich der Kalybe übrig geblieben. Offensichtlich handelte es sich dabei um ein dekoratives Monumentaltor, das den Übergang vom Forum zum westlichen Abschnitt des *decumanus maximus* markierte.

Die Ostseite des Forum war durch einen Badekomplex begrenzt, dessen zentrales Schwimmbecken (*natatio*) noch heute gut zu sehen ist und dessen Gesamtausdehnung wohl eine ganze insula in Anspruch nahm.

Im Gebiet südlich des Forum fällt die Oberfläche scharf in Richtung Südmauer ab. Obwohl dieses Areal noch nicht ausgegraben ist, kann man annehmen, dass sich auch hier öffentliche Gebäude befanden. Dies wird nicht zuletzt durch Stümpfe starker Mauern aus Quadern nahegelegt, die aus dem Grund ragen.

All diese Bauten markieren den Forumbereich deutlich als urbanes, wirtschaftliches und soziales Zentrum von Sussita.

Der hellenistische Bezirk – Hellenistisches Heiligtum, *temenos*

Entlang der Nordseite des Forum erstreckt sich eine beeindruckende Mauer von 46 m Länge, errichtet aus Basaltquadern mit glatten Rändern und groben Bossen (Abb. 12). Fünf Lagen dieser Mauer sind bewahrt geblieben, arrangiert in regelmäßigem Muster aus Läufern und Bindern. Diese Mauertechnik ist typisch für die hellenistische Periode (2.–1. Jh. v. Chr.). Diese Struktur bildet die Südmauer eines großen Bezirks, der nur zum Teil ausgegraben ist, aber neben einigen Abschnitten der Stadtmauer die wohl einzigen Baustrukturen darstellt, die mit einem hohen Grad an Sicherheit in die hellenistische Zeit datiert werden können und daher wohl seit Beginn der Stadt eine besondere Rolle gespielt haben. Im südlichen Bereich dieses in der Literatur oft «Hellenistic Compound» genannten Komplexes wurde ein Vorplatz freigelegt, der mit rechteckigen Kalksteinplatten sorgfältig belegt war. Die Piazza war mit Kolonnaden in U-Form umgeben. Die Basen und Kapitelle waren auch aus Kalkstein gefertigt. Der Ort, die Größe und Konstruktionsweise des Bezirks zeigen deutlich, dass es sich hierbei um das Hauptheiligtum (*temenos*) des hellenistischen Sussita handeln muss. Das Heiligtum erfüllte seine Funktion auch während der Römerzeit. Über den Resten des hellenistischen Tempels, von dem nur wenige Architekturstücke in situ gefunden wurden, wurde am Ende des 1. Jh. v. Chr. während der Herrschaft des Augustus ein neuer Tempel errichtet. Darüber errichtete man im 6. Jh. die Nordwestkirche. Weitaus mehr Reste des augusteischen Tempels als seines Vorgängers wurden in situ gefunden, einschließlich der unteren Teile einer 10 m langen, von steinernen Geländern (*antae*) eingefassten Freitreppe (*scalaria*), zahlreicher Architekturteile aus Basalt und sogar von Abschnitten der Podiumsmauer. Diese Abschnitte wurden später in die Fundamente der Nordwestkirche integriert, ebenso riesige Quader wohl aus der *cella* des hellenistischen Heiligtums. Der Standort der Nordwestkirche ist also alles andere als zufällig und proklamiert mit unmissverständlicher Deutlichkeit den Sieg des Christentums über das Heidentum.

Die Basilica

Die riesige Halle der Basilica, ein Standardelement römischer urbaner Kultur und gewöhnlich nahe des Forum platziert, kann ohne Zweifel als gedeckte Alternative zum offenen Forum angesehen werden. Das Forum diente zur Abhaltung sozialer, administrativer und ökonomischer Aktivitäten der Bürger. Bei schlechtem Wetter bot die Basilica eine praktische Alternative in einem geräumigen und überdachtem Gebäude. Die Basilica von Hippos-Sussita, die zurzeit Schritt für Schritt freigelegt wird, ist ein beeindruckendes, aus Quadern errich-

Abb. 16
Zustand des *odeion* (Odeum) am Ende der 12. Grabungskampagne im Juli 2011, Blick von Osten.

gen Wandflächen aufzubrechen. Der Innenraum der Basilica war mit grellen Flächen aus Rot, Blau, Grün und Orange bemalt. An Architekturfragmenten wurden Säulen, korinthische Kapitelle, Friese und Säulenbasen in den Trümmern des Basilica gefunden, die allesamt exzellent ausgeführt waren. Basen, Säulen und Kapitelle waren aus Basalt gehauen, einige andere Elemente jedoch sogar aus Marmor (Abb. 14).

Das Odeum

Das älteste bekannte Odeum (griech. *odeion*, abgeleitet von *odein* «singen») liegt in Pompeji und datiert ins 1. Jh. v. Chr. Trotz des Namens dienten *odea* nicht allein für Singvorstellungen, sondern waren kleine, überdachte theaterähnliche Gebäude für Ereignisse mit weniger Zuschauern als im eigentlichen Theater, wie zum Beispiel Rezitationen von Gedichten mit Musikbegleitung, aber auch für Versammlungen oder öffentliche Empfänge (Abb. 15). Während der ersten Jahrhunderte unserer Zeitrechnung wurden griechische und römische Tragödien und Komödien ohnehin langsam durch *mimos* oder *pantomimos* ersetzt, die durch ihre geraffte Kürze und zuweilen derbe Handlung dem veränderten Publikumsgeschmack offensichtlich mehr entsprachen als traditionelle klassische Stücke. Die Tatsache, dass Hippos-Sussita neben dem noch unausgegrabenen Theater ein Odeum besaß, zeigt in jedem Fall die hohe Affinität der städtischen Oberschicht für griechisch-römische Kultur (Abb. 16).

Das halbrunde Odeum mit seinen 27 m in der Nord-Süd-Richtung und 21 m von Ost nach West von Hippos-Sussita lag ca. 80 m westlich des Forum und bestand aus zwei Teilen (Abb. 17):

1. ein rechteckiges Bühnengebäude (*scaena*) mit der Bühne (*pulpitum*) in der Mitte
2. die hufeisenförmig angeordneten Zuschauerränge (*cavea* oder *auditorium*).

Keiner der Sitze hat die Zeiten überstanden, doch waren sie ursprünglich wohl in 11 gestuften halbrunden Rängen angeordnet und boten Platz für ca. 450 Besucher. Die *orchestra*, ein halbrunder Bereich zwischen der Bühne und den Sitzrängen, war mit rechteckigen Marmorplatten belegt. Das Odeum von Hippos-Sussita wurde am Ende des 1. Jhs. n. Chr. errichtet und war kleiner als vergleichbare Bauten im römischen Reich, übertraf sie aber an Qualität von Baukunst und Planung. Zwei weitere *odea* wurden bisher in anderen Städten der Dekapolis gefunden: eines in Philadelphia (Amman), das andere in Skythopolis (Beth-Shean).

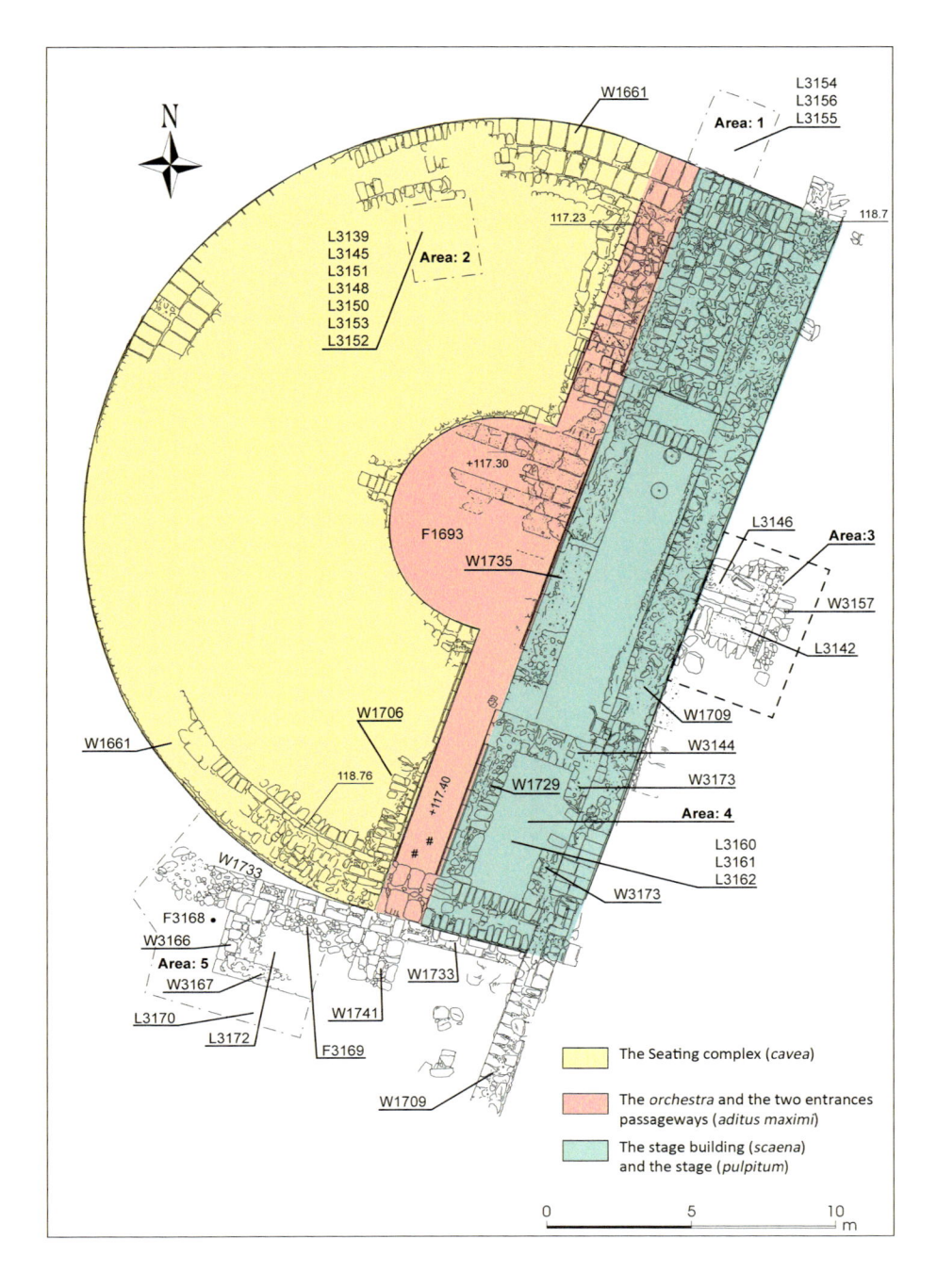

Abb. 17
Plan des *odeion* (Odeum).

tetes Gebäude von 55 x 30 m, das ans Ende des 1. oder den Beginn des 2. Jhs. n. Chr. datiert werden muss. Das Gebäude stand an der Nordostecke des Forum, es war rechteckig und seine Längsachse nach Norden gerichtet (Abb. 13). Drei monumentale Eingänge in der schmalen Südwand gegenüber des Forum gewährten problemlosen Zugang zwischen Forum und Basilica. Parallel zu den vier Wänden standen Säulenreihen, stützten das Dach und schufen damit die basilikale Einteilung in zentrales Hauptschiff und vier umlaufende Nebenschiffe. Die Innenseiten der Mauern waren gegenüber jeder Säule mit Stuckpilastern geschmückt, um die Monotonie der riesi-

Abb. 18
Die Nordostkirche samt östlich benachbarter *insula*. Blick von Nordosten.

Zusammenfassung: Die städtische Landschaft von Sussita

Sussita wurde in der hellenistischen Periode gegründet, vermutlich unter Antiochus IV. Epiphanes (175–164 v. Chr.). Freilich ist unsere Kenntnis des hellenistischen Hippos mangels ausreichender Funde sehr begrenzt. Die Stadtmauern und das Haupttheiligtum datieren immerhin offensichtlich in diese Periode.

Wie Untersuchung des ausgeklügelten städtischen Wassersystems in den 1990er Jahren ergeben, wurde es im 1. Jh. n. Chr. eingerichtet, zur selben Zeit, als auch der *decumanus maximus* entstand. Dies bedeutet, dass die städtische Struktur von Sussita während der römischen Zeit festgelegt wurde, nicht jedoch bereits in der hellenistischen Periode. Es scheint demnach so, als ob Antiochia Hippos bei seiner Gründung allein ein administratives Zentrum bestehend aus einer kleinen Siedlung und überregionalem Heiligtum darstellte.

Die Zugangsstraße zum Heiligtum von Osten wurde in der römischen Periode zum *decumanus maximus* umgestaltet, der Hauptstraße der Stadt. Vermutlich war dies nicht der einzige Fall, in dem ein ehemaliger Prozessionsweg zur Hauptstraße einer Stadt wurde. Petras *via sacra* ist dafür ein anderes gutes Beispiel: Dort wurde die Straße, die zum Qasr el-Bint, dem Haupttheiligtum im Westen der Stadt führte, im frühen 2. Jh. n. Chr. in eine Kolonnadenstraße umgewandelt, die von zahlreichen öffentlichen Gebäuden und Märkten gesäumt war. Möglicherweise war auch der *cardo* von Gerasa ursprünglich eine Prozessionsstraße, die zum Zeusheiligtum im Südteil der Stadt führte.

Ein Blick auf den Stadtplan von Sussita, wie er sich nun darstellt, zeigt, dass er demjenigen von Gadara, der südlichen Nachbarstadt, sehr ähnelt. Die säulengesäumte Hauptstraße von Gadara oder auch Gerasa ist ebenfalls von Ost nach West ausgerichtet und durchzieht die gesamte Länge der Stadt, gekreuzt nur von den üblichen Querstraßen (*cardines*). Andere Beispiele ließen sich hinzufügen.

Angesichts all der Daten, die die Grabungen bisher zutage gefördert haben, wiegt es freilich nicht schwer, ob die eine oder andere Stadt in der hellenistischen oder zu Beginn der römischen Periode gegründet wurde. Die urbane Landschaft der Dekapolisstädte wurde vielmehr im 2. oder 3. Jh. n. Chr. endgültig festgelegt. Hauptelemente dieser reichen und faszinierenden Urbanität waren Säulenstraßen, öffentliche Plätze, Bäder, Tempel und Bögen. Die Bürger der Dekapolisstädte der ersten nachchristlichen Jahrhunderte bewahrten und schätzten ihre griechische *polis*-Verfassung. Ebenso stolz waren sie auf ihre griechische Kultur, doch war das urbane und architektonische Formenrepertoire, durch das sie ihren Bürgerstolz ausdrückten, viel eher kaiserzeitlich-römisch (Abb. 18).

Adresse des Autors

Prof. Dr. Achim Lichtenberger
Prof. Dr. Arthur Segal
Zinman Institute of Archaeology
University of Haifa
Mt. Carmel
Haifa 31905
Israel
e-mail: asegal@research.haifa.ac.il

Übersetzt von Jürgen K. Zangenberg.

Bildnachweis

Abb. 2, 4, 7-9: Fotos J. K. Zangenberg; alle übrigen Abb. von M. Eisenberg, Universität Haifa.

Literatur

Zu Gadara siehe im Folgenden insbesondere die umfassende A. Elad, The Southern Golan in the Early Muslim Period, in: Der Islam 76 (1999) 34–88.

C. Epstein, Hippos (Sussita), in: E. Stern (Hrsg.), The New Encyclopedia of Archaeological Excavations in the Holy Land, Bd. 2 (1993) 634–636.

Z. Meshel / T. Tsuk / H. Fahlbusch / Y. Peleg, The Water- Supply System of Sussita (1998).

J. Młynarczyk / M. Burdajewicz The North-West Church in Hippos (Sussita), Israel, in: Five Years of Archaeological Research (2000-2004), Eastern Christian Art 2 (2005) 39–57.

A. Segal (1995) Theatres in Roman Palestine and Provincia Arabia (1997).

Ders., From Function to Monument: Urban Landscapes of Roman Palestine, Syria and Provincia Arabia (1995).

Ders., The Kalybe Structures-Temples for the Imperial Cult in Hauran and Trachon: An Historical-Architectural Analysis, in: Assaph – Studies in Art History 6 (2001) 91–118.

Ders., Hippos (Sussita), in: E. Stern (Hrsg.), The New Encyclopedia of Archaeological Excavations in the Holy Land, Supplementary Volume 5 (2008) 1782–1787.

A. Segal et al., Hippos-Sussita: Fifth Season of Excavations September-October 2004 and Summary of All Five Seasons (2000-2004) (2004).

A. Segal et al., Hippos-Sussita Sixth Season of Excavations July 2005 (2005).

A. Segal et al., Hippos-Sussita Seventh Season of Excavations July 2006 (2006).

A. Segal et al., Hippos-Sussita Eighth Season of Excavations July 2007 (2007).

A. Segal et al., Hippos-Sussita Ninth Season of Excavations June-July 2008 (2008).

A. Segal et al., Hippos-Sussita Tenth Season of Excavations July and September 2009 (2009).

A. Segal et al., Hippos-Sussita Eleventh Season of Excavations July 2010 (2010).

A. Segal / M. Eisenberg, The Spade Hits Sussita, in: Biblical Archaeology Review 32/3 (2006) 40–51, 78.

Dies., Sussita-Hippos of the Decapolis: Town Planning and Architecture of a Roman-Byzantine City, in: Near Eastern Archaeology 70/2 (2007) 86–107.

Y. Tsafrir / G. Foerster, Urbanism at Scythopolis/ Beth Shean in the Fourth to Seventh Centuries, in: Dumbarton Oaks Papers 51 (1997) 85–146.

O. Williams-Thorpe / M. Henty, The Sources of Roman Granite Columns in Israel, in: Levant 32 (2000) 177–170.

Brunnenhaus in Magdala, ein Zeichen urbaner Kultur (franziskanisches Gelände) (Foto: J. K. Zangenberg).

Die Ebene am Fuß der Hörner von Hattin, westlich von Tiberias, wo Saladin 1187 n. Chr. das Kreuzfahrerheer schlug (Foto: Israel Tourism).

Ein Dorf auf dem Hügel – Neue Entdeckungen des Kinneret Regional Project in der Synagoge von Horvat Kur

von Jürgen K. Zangenberg

Der Erste Aufstand gegen Rom 66–73 n. Chr. hinterließ ein verwüstetes, entvölkertes Land. Die Verteidigung Galiläas durch Josephus war gescheitert, tausende Menschen hatten ihr Leben verloren oder waren in die Sklaverei verkauft worden. Als nach der zweiten Revolte 132–135 n. Chr., nur zwei Generationen nach dem Ersten Aufstand, große Teile der Bevölkerung Zentralpalästinas in den Süden und Norden umgesiedelt wurden, konnte das Judentum in Galiläa langsam wieder Fuß fassen. Die Anfänge hinterließen nur wenige, oft umstrittene Relikte. Erst gegen Ende des 3. Jhs. n. Chr., vor allem aber im 4. Jh. n. Chr. werden die Spuren eines wiedererstarkten Judentum, das seinen Platz in der spätantiken Gesellschaft gefunden hat, deutlicher greifbar. Die Bevölkerung

Abb. 1
Die Ortslage Horvat Kur (unten links) mit Blick über den See Gennesaret Richtung Tiberias.

Galiläas und der umliegenden Gebiete wohnte in Städten wie Gadara, Tiberias oder Sepphoris, in Kleinstädten wie Kapernaum oder in den zahlreichen Dörfern und Gehöften, die über das gesamte Gebiet verstreut waren. Gerade über diese Dörfer ist wenig bekannt, in der antiken Literatur bleiben sie oft anonym und in der Archäologie haben sie – anders als Städte – bisher noch nicht genügend Aufmerksamkeit gefunden (Abb. 1).

Einen faszinierenden, exemplarischen Einblick in das Leben galiläischer Dörfer geben die Grabungen auf Horvat Kur, einem Hügel etwa 2 km nordwestlich des Sees Gennesaret (Abb. 2). Horvat Kur wird seit 2007 durch das Kinneret Regional Project (www.kinneret-excavations.org) untersucht, ein internationales Konsortium von Wissenschaftlern, die sich der Erforschung des Gebiets um den See Gennesaret verschrieben haben. Drei ausgedehnte Grabungskampagnen in den Jahren 2010 bis 2012 unter der Leitung des Autors (Universität Leiden), von Stefan Münger (Universität Bern), Raimo Hakola (Universität Helsinki) und seit 2012 Byron McCane (Wofford College, USA) sowie mit Spezialisten und Volontären aus der Schweiz, Finnland, den Niederlanden, den USA, Rumänien, Belgien, Deutschland, Großbritannien und Israel haben spektakuläre Zeugnisse jüdischen dörflichen Lebens im spätantiken Galiläa zutage gefördert.

Die archäologischen Untersuchungen, die in den nächsten Jahren noch fortgesetzt werden, verfolgen drei Ziele:
– Das Projekt will klären, wie ein durchschnittliches galiläisches Dorf der hellenistischen bis byzantinischen Zeit funktionierte hinsichtlich Struktur, Räumen und Aktivitäten.
– Es will ferner untersuchen, wie sich ein solches Dorf im Zusammenspiel zwischen von Menschen verursachten oder natürlichen Veränderungen der Umgebung entwickelte.
– Schließlich will das Projekt erforschen, wie sich dieses Dorf in die Region und den weiteren mediterranen Kontext einordnet (Strukturen, Interaktion durch Handel etc.).

Neben ausgedehnten Feldbegehungen (Surveys) standen vor allem systematische Grabungen in einem öffentlichen Gebäude 2008 und 2010–2012 sowie im Bereich zweier Wohnhäuser (2010) im Mittelpunkt der Aktivitäten (Abb. 3). Die bisherigen Grabungsbefunde datieren hauptsächlich in spätrömisch bis früharabische Zeit (ca. 300–700 n. Chr.) und fügen sich somit wunderbar in die

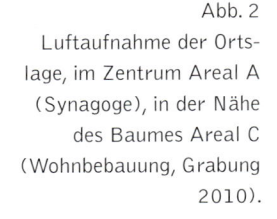

Abb. 2
Luftaufnahme der Ortslage, im Zentrum Areal A (Synagoge), in der Nähe des Baumes Areal C (Wohnbebauung, Grabung 2010).

Abb. 3
Grabungsszene.

zweite Blüteperiode Galiläas nach Antipas ein, als Christen und Juden nebeneinander in einem der fruchtbarsten Landstriche des antiken Palästina lebten. Die Mehrzahl der bisher untersuchten Siedlungsreste auf Horvat Kur ist damit zeitgleich mit zahlreichen Synagogen und Kirchen, die am See Gennesaret und im galiläischen Binnenland standen. Im Mittelpunkt dieses Beitrags steht die Synagoge des Dorfes.

Eine mehrphasige Synagoge

Das momentan am besten untersuchte Siedlungselement auf Horvat Kur ist ein öffentliches Gebäude, die Synagoge, auf der nordöstlichen Kante des Hügelplateaus (Abb. 4). Der Bau wurde bereits 2008 in einer Testgrabung angeschnitten, ohne dass seine Bedeutung erkannt wurde. Zwischen 2010 und 2012 wurde das Gebäude fast vollständig ausgegraben, so dass nun zumindest die letzte Benutzungsphase als relativ gut bekannt gelten kann. Das Gebäude wurde vermutlich in der ersten Hälfte des 5. Jhs. n. Chr. errichtet (Synagoge I) und hat – neben zahlreichen punktuellen Reparaturen – in der zweiten Hälfte des 6. Jhs. eine größere Umbauphase durchlebt, die vielleicht aufgrund von Erdbebenschäden nötig geworden ist. Diese neue Phase (Synagoge II) hat nach unserem derzeitigen Kenntnisstand im Wesentlichen den Grundriss von Synagoge I übernommen und wurde vermutlich während des verheerenden Erdbebens des Jahres 749 zerstört (Abb. 5). Massiver Steinraub im Mittelalter hat den Erdbebenversturz von Synagoge II stark dezimiert und die Schichtenfolge oft bis auf den Fußboden hinab gestört. Verschiedene Fragen der Baugeschichte müssen derzeit noch unbeantwortet bleiben, vor allem die nach eventuell noch unter der Synagoge befindlichen Vorgängerbauten. Eine Sondage an der Südwestecke der

Abb. 4
Luftaufnahme der Synagoge (Stand 2012). Deutlich sichtbar sind die Südmauer mit dem Steinsitz an der linken Seite, an der rechten das Podium für den Thoraschrein. Rechts oben in der Steinreihe der «Steintisch». Am oberen Bildrand die Öffnung zur Zisterne.

Abb. 5
Erdbebenversturz entlang der Ostmauer.

Synagoge brachte zwar 2012 überraschend Keramik und einen kleinen Architekturrest des späten 2. bzw. frühen 3. Jhs. n. Chr. zu Tage, der von Synagoge I als Fundament genutzt wurde. Darüber, ob es sich dabei möglicherweise um Reste einer noch früheren Synagoge handelt, kann derzeit nur spekuliert werden.

In ihrer jetzigen Form misst die Synagoge von Horvat Kur in nordsüdlicher Ausdehnung ca. 11 m und in ihrer Breite ca. 16,5 m. Je eine Reihe mit je vier Säulen entlang der Ost- und Westmauer stützten das Dach und unterteilten den Innenraum ähnlich einer Basilika in ein breiteres Haupt- und zwei schmalere Sei-

Abb. 6
Der Westeingang mit innenlaufender Bank und davor liegendem Vorhof. In der rechten Bildhälfte die Südmauer mit Eingang und rechts davor die Piazza (2011).

Abb. 7
Bereich des ehemals überdachten Vorhofs entlang der Westmauer (Bildmitte), rechts die Mauer, auf der die Pfeiler des Dachs standen.

tenschiffe. Damit gehört die Synagoge zum sog. Breithaustyp, der etwa auch in Nabratein in Obergaliläa belegt ist. Die Tatsache, dass mehrere Bautypen mit unterschiedlichen Grundrissen nebeneinander existierten, legt nahe, dass lokale Gemeinden frei waren, die nach Topographie und finanziellen Möglichkeiten passendste Bauform zu wählen. Es gibt also nicht «den» galiläischen Standarttyp. Der Haupteingang an der Westmauer und ein schmalerer Eingang an der Südmauer boten Zugang vom umliegenden Dorf (Abb. 6). Vor der Südmauer lag ein freier Platz noch unbekannter Größe. Entlang der Westmauer befand sich in der ersten Phase ein Vordach,

Abb. 8 a.b Beispiel einer der 1149 zwischen 2008 und 2012 gefundenen Münzen. Kleinbronze des Arcadius (reg. 395–408 n. Chr.) a. Portrait, b. Der siegreiche Kaiser mit Umschrift VIRTVS EXERCITI (sic!): «Die Tapferkeit des Heeres».

das mit einfachen Pfeilern abgestützt wurde. Dieser Vorhof wurde beim Umbau zu Synagoge II nach der Mitte des 6. Jhs. mit einem erhöhten Fußboden aus gestampftem Lehm versehen und zu einer Art Veranda umgebaut (Abb. 7). Bei diesem Umbau verwendete man vor allem Schutt aus dem Inneren der Synagoge, in dem sich Tausende von Mosaiksteinen befanden. Sie stammen somit sehr wahrscheinlich von einem Mosaikfußboden, der aus uns unbekannten Gründen entfernt und in Synagoge II durch einen grauen Estrich ersetzt wurde. Neben den Steinchen fanden sich Hunderte von Münzen – allesamt kleine Bronzedenominationen vor allem der Zeit zwischen Constantin und dem frühen 5. Jh. n. Chr., dann wieder aus der Mitte des 6. Jhs. –, die unter dem Fußboden des Vorhofs deponiert wurden. Derartige Deposite sind auch aus anderen zeitgenössischen Synagogen bekannt und könnten vielleicht im Sinne eines «Gründungsdeposit» zu verstehen sein, dem wahrscheinlich auch eine apotropäische Funktion zukam (z. B. Kapernaum, Khorazin, Horvat Kanaf; Abb. 8 a.b). Genauere numismatische Untersuchungen durch Patrick Wyssmann (Universität Bern) sind derzeit im Gang.

Der Sitz des Gemeindeleiters in Originalposition

Abb. 9 (links) Der Steinthron auf der Sitzbank, im Vordergrund die steinerne Stufe.

Abb. 10 (rechts) Luftaufnahme der Südmauer mit Steinsitz, Südeingang und Bema.

Mit ihrer weit ausladenden basilikalen Struktur war die Synagoge von Horvat Kur ein idealer Versammlungsraum nicht nur für religiöse Zeremonien, sondern für alle Gelegenheiten, die die Anwesenheit möglichst vieler Dorfbewohner erforderten. Entlang der Mauern verlief eine niedrige, einlagige Sitzbank, die nur im Zentrum der Rückwand, bei den Eingängen und am Podium (siehe unten) unterbrochen wurde. Vermutlich haben sich nur besondere Personen auf den Sitzbänken niedergelassen. Die Mehrheit der Besucher dürfte sich einfach auf den Boden im geräumigen Inneren der Synagoge gesetzt haben, der vielleicht zusätzlich mit Teppichen oder Matten ausgelegt war. Dass es neben diesen beiden Gruppen noch mindestens eine weitere herausragende Person gab, wurde deutlich, als 2012 westlich des Südeingangs ein steinerner Sitz noch am originalen Platz entdeckt wurde (Abb. 9). Eine Seite des thronartigen Sitzes war zwar schon 2010 erkennbar, der größere Teil blieb aber noch bis 2012 in einem Profil verborgen und konnte erst nach der Entfernung dieses

Stegs in seiner vollen Bedeutung erkannt werden. Der Thron war direkt auf die Sitzbank aufgesetzt und konnte über eine aus zwei rechteckigen Blöcken sorgfältig gesetzte Stufe erreicht werden. Da der Steinsitz auf die Putzlage der Bank aufgemörtelt war, muss er zur letzten Bauphase der Synagoge gehört haben. Bei der Auffindung war die Rückenlehne beschädigt und die Armlehnen zum Teil abgebrochen. Ursprünglich war der Sitz wohl unverziert. Im Unterschied zum Großteil des übrigen, aus Basalt bestehenden Mauerwerks der Synagoge wurde der Sitz aus einem Block desselben hellen Kalksteins gemeißelt, der auch für das östlich an den Südeingang anschließende Podium des Thoraschreins verwendet worden ist (siehe unten; Abb. 10).

Angesichts der massiven Störungen durch mittelalterliche Steinräuber grenzt es fast schon an ein Wunder, dass der Sitz überhaupt an seinem originalen Platz erhalten geblieben ist. Er ist der einzige bisher in Galiläa und im Golan *in situ* gefundene Steinsitz dieser Art. Nur zwei weitere sind aus Galiläa bekannt, keiner davon wurde am originalen Platz gefunden: Der eine wurde in den 1920er Jahren in einer heute nicht mehr sichtbaren Synagoge in Hammat Tiberias geborgen und ist mittlerweile verschollen. Der zweite, weitaus berühmtere Steinsitz stammt aus Khorazin ca. 15 km von Horvat Kur entfernt, ist prächtig verziert und außerdem mit einer Inschrift versehen (Abb. 11). Dieser wurde ebenfalls nicht an seinem ursprünglichen Ort entdeckt, sondern südlich außerhalb der Synagoge. Das Original befindet sich heute im Israel Museum in Jerusalem, eine Kopie wurde erst im Verlauf der Rekonstruktionsarbeiten in der Synagoge an den vermutlich ursprünglichen Standort an der Südmauer gesetzt, an dem ihn Besucher heute bewundern können.

Wozu diente der Steinsitz? Deutlich ist: Wer auf einem solchen Thron saß, überblickte die gesamte versammelte Gemeinde und konnte selbst von allen gesehen werden. Zur Deutung des Steinsitzes von Khorazin wird oft auf Mt 23,2 verwiesen, wo in einem antipharisäischen Jesuswort vom «Stuhl des Mose» die Rede ist, auf den sich Schriftgelehrte und Pharisäer setzen würden, um ihre Autorität zu unterstreichen. Auch wenn es sich dabei um eine polemische Übertreibung handeln dürfte, erwähnen eine Anzahl jüngerer rabbinischer Texte in der Tat eine «Kathedra», auf der sich Rabbinen und Honoratioren niedergelassen haben sollen, um ihre Gemeinden zu lehren. Eine Reminiszenz an Mose ist dabei nicht immer unmittelbar gegeben, doch liegt sie an sich nahe, da Mose das Gesetz gebracht hat und in der Antike als Stifter der Synagoge galt. Lee I. Levine, einer der führenden Experten zur antiken Synagoge, zitiert in diesem Zusammenhang eine spätantike rabbinische Tradition: Demnach sei Rabbi Josua nach dem Tod des berühmten Rabbi Eliezer in dessen verwaiste Akademie gekommen und habe den Sitz geküsst, auf dem dieser gesessen hatte. Dabei habe er gesagt: «Dieser Stein ist wie der Berg Sinai, und er, der darauf saß, war wie die Lade des Heiligen Bundes» (Levine, Synagogue, 324). Der Steinsitz von Horvat Kur kann also als Ehrensitz des Gemeindevorstehers gelten, der für seine Kongregation dieselbe Autorität genoss wie Mose selbst. Der Sitz ist zur Gemeinde hin gerichtet, wer sich darauf niederlässt, hat im wahrsten Sinn des Wortes das südlich der Synagoge gelegene Jerusalem im Rücken und kann seine Worte mit

Abb. 11
Der Steinsitz aus der Synagoge von Khorazim (Kopie) auf einem modernen Holzpodest.

der Autorität des Mose an die Gemeinde richten. Ähnliche Sitze begegnen zuweilen auch in paganen Kontexten, weitaus regelmäßiger aber in zeitgenössischen christlichen Kirchen. Im Judentum hat der Sitz des Gemeindevorstehers jedoch ganz eigene Konnotationen bekommen.

Ein prächtiger Unterbau für den Thoraschrein

Unbestrittener liturgischer Mittelpunkt einer antiken Synagoge war der Torahschrein, der in byzantinischer Zeit oft an der Südwand neben dem Eingang situiert ist. Meist bestand der Schrein aus einem reich verzierten hölzernen Kasten, der an einem architektonisch hervorgehobenen Platz in der Synagoge aufgestellt war. Der dekorative Einbau konnte als Nische oder als eine Art überdachter Rahmen gestaltet sein. Archäologische Grabungen haben in unterschiedlichen Synagogen zahlrei-

Abb. 12
Luftaufnahme des Podiums (Bema), angebaut an die Südmauer.

Abb. 13
Das steinerne Podest (Bema) der Synagoge von Umm el-Qanatir.

138 | Jürgen K. Zangenberg

Abb. 14
Westmauer des Kalksteinpodiums (Bema).

che, zum Teil aufwändig dekorierte Fragmente von mehr oder minder vielfältigen Thoraschreinen zutage gefördert, so trotz allen Steinraubs in 2011 und 2012 auch in Horvat Kur (Abb. 12). Hier stand der Schrein auf einem erhöhten Podium, einer sogenannten Bema («Erhöhung»), deren Reste noch *in situ* angetroffen wurden. Möglicherweise gehörte eine Form von Podium bereits zur ersten Bauphase, sicher aber war sie Bestandteil von Synagoge II. Vergleichbare Strukturen sind auch aus anderen Synagogen der byzantinischen Zeit bekannt. Besonders nahe kommen der Fundkonstellation von Horvat Kur jedoch die Befunde aus der gleichaltrigen Synagoge von Umm el-Qanatir im Golan (Abb. 13).

Das Podium war fast quadratisch. Das aufgehende Mauerwerk bestand aus großen, glatt behauenen Kalksteinblöcken mit Lisenen und Pilastern. Es stützte den ehemals erhöhten, wohl aus Brettern bestehenden Fußboden des Podests (Abb. 14). Im und um den Bemabereich wurden zahlreiche bearbeitete Architekturelemente gefunden, die erahnen lassen, wie reich dieser Schrein ursprünglich verziert war: eine Türschwelle mit klassischem Profil an den Laibungen, Fragmente von Säulen in verschiedenen Größen, verzierte Kragsteine, sogar die Reste eines Löwenreliefs und einer Rosette aus Kalkstein (Abb. 15). Zahlreiche Münzen und eine Bronzelampe aus römischer Zeit lassen erahnen, dass unter anderem auch Wertsachen in diesem engen Raum aufbewahrt wurden (Abb. 16). Über das Aussehen der über dem Podium aufgehenden Baustrukturen lässt sich wegen des Steinraubs in Horvat Kur leider nur spekulieren. Die Schriftrollen wurden vermutlich wie üblich in einem hölzernen Kasten aufbewahrt, der auf dem Podium stand und von einem säulengestützten Dach mit Tympanon gerahmt wurde. Die Löwenfragmente und die Rosette stammen vermutlich von einem solchen Tympanon und erinnern an die Synagoge von Nabratein in Obergaliläa.

Der Steinthron und das monumentale Podium des Thoraschreins verdeutlichen, dass auch die Synagoge von Horvat Kur wie praktisch alle ihre Zeitgenossen in Galiläa nach Süden, d. h. in Richtung Jerusalem orientiert war. Dies hatte für Gottesdienste und Versammlungen praktische Konsequenzen. Sobald die Gemeindemitglieder die Synagoge durch den südlichen oder westlichen Eingang betreten hatten, mussten sie sich umdre-

Abb. 15
Löwenrelief und Rosette, dekorative Elemente von der Bema?

Abb. 16
Bronzelampe aus dem Inneren der Bema.

hen und sich gemeinsam zur Südwand ausrichten, an der neben den Thorarollen auch der Gemeindeleiter präsent war. Die gemeinsame Gebetsrichtung formte somit eine besondere Gemeinschaft, deren Orientierungspunkt die heilige Stadt und das in der Schriftrolle und der Autorität des Lehrers anwesende Wort Gottes waren.

Abb. 17
Der «Steintisch» aus der Luft, links davon ein weiteres Element des östlichen «Stylobats».

Ein einzigartiger «Steintisch» aus Basalt

Der wohl spektakulärste Fund der Kampagne 2012 kam jedoch nicht an der Südmauer, sondern im nordöstlichen Teil des Synagogeninnenraums zum Vorschein: ein fast quadratischer, niedriger «Steintisch» mit vier Füßen, an vier Seiten und an der Oberseite verziert (Abb. 17). Mangels Alternativen bietet sich die Bezeichnung «Horvat Kur-Stein» an. Der Stein ist sorgfältig gearbeitet und bis auf Abstoßungen und ein teils abgebrochenes Bein gut erhalten. Er war eingefügt in eine bisher nur zum Teil ausgegrabene Steinreihe, die zwischen den Säulenpostamenten errichtet, aber nur noch bis zur Höhe eines Blockes erhalten geblieben war (*stylobate wall*). Die Tatsache, dass zwei Seiten des «Tisches» trotz Verzierung durch benachbarte Steine verdeckt waren, legt zweifelsfrei nahe, dass die Fundlage 2012 nicht der ursprünglichen Position des Steines entspricht, sondern aller Wahrscheinlichkeit zur letzten Nutzungsphase der Synagoge gehört, die wir in den Grabungen aufgedeckt haben. Der «Tisch» gehörte also zu einer früheren Nutzungsphase und war außer Gebrauch gekommen, stammt aber aller Wahrscheinlichkeit nach aus der Synagoge selbst. Wozu der Horvat Kur-Stein ursprünglich diente, ist derzeit nicht exakt zu sagen, da die Unsicherheit über die Originalposition jegliche Interpretation stark erschwert. Wir sind zunächst also auf eine sorgfältige Analyse von Form und Dekoration angewiesen.

Wie bereits erwähnt hat der Basaltstein hat die Form eines fast quadratischen, niedrigen Tisches (ca. 70 x 70 cm und 35 cm hoch; Abb. 18). Er ist an einer Seite (wohl der ursprünglichen Schauseite) mit figurativen Elementen und auf den übrigen drei Seiten sowie auf der Oberseite mit geometrischen Mustern dekoriert. Die Oberseite zeigt vier ineinanderliegende, kassettenähnliche Rechtecke, die verzierten Holzflächen beispielsweise von Möbeln ähneln. Auffällig ist jedoch, dass die

140 | Jürgen K. Zangenberg

innerste Fläche (16 x 29 cm) der Oberseite deutlich glatter ist als alle übrigen Flächen des Steins. Der Grund dafür ist unklar. Ist der Stein gleich zu Beginn so bearbeitet worden oder ist die Glätte erst während des Gebrauchs, etwa durch Reiben, entstanden? Die rechts und links von der Schauseite liegenden Flächen sind mit Triglyphen oberhalb der Füße und wiederum aus drei Elementen bestehenden langrechteckigen Kassettenmustern verziert (äußeres Rechteck 33 x 10 cm, innerstes 26 x 4 cm). Zudem trägt jeder Fuß in der oberen Hälfte einen Zierring (Kranz?). Die Rückseite ist mit drei geometrischen Elementen deutlich anders verziert als die Vorderseite: Zwischen zwei Kassettenmustern ähnlich denen der Seitenflächen, nur kürzer als diese (äußeres jeweils 23 x 10 cm, inneres jeweils 15 x 3 cm), befindet sich ein quadratischer Rahmen von 23 x 20 cm mit vier gleich großen Quadraten von je 5 x 5 cm. Das zentrale Element gleicht einer zweiflügeligen Tür, wie sie etwa von steinernen Grabtüren oder von Abbildungen des Tempelportals auf Münzen oder Mosaiken bekannt sind (Abb. 19: Rückseite). Auch die vier Standfüße sind mit dekorativen Elementen versehen: an den Außenseiten mit Ringen, an der Schauseite mit dreifüßigen Kandelabern.

Völlig aus dem Rahmen fällt jedoch die Schauseite. Sie ist nicht durch geometrische Dekorationselemente bestimmt, sondern durch ein Arrangement aus Gegenständen, die von zwei zentralen Objekte (einer Vase und wohl einem Schöpflöffel) aus gesehen spiegelbildlich angeordnet sind. Da die Objekte nicht sehr tief in den Basalt geschlagen wurden und die Steinoberfläche recht rau geblieben ist (kleine Reste Putz an der Schauseite könnten darauf hindeuten, dass der Tisch ursprünglich verputzt und vielleicht gar farbig gefasst war), ist die genaue Bestimmung der Objekte schwierig. Obwohl die Analyse im Einzelnen noch nicht abgeschlossen ist, scheint zumindest Folgendes sicher zu sein: Die Seiten werden durch zwei Kandelabra begrenzt, die die Fläche der Schauseite überschreiten und als einziges Objekt auch die Frontseite der beiden vorderen Beine hinablaufen (Abb. 20). Die

Abb. 18 (oben links)
Der «Steintisch» nach der Bergung, Blick auf die Schauseite und die Oberfläche.

Abb. 19 (oben rechts)
Die Rückseite des «Steintischs».

Abb. 20
Der Kandelaber am Rand der Schauseite des «Steintischs».

Abb. 21
Zwei Menorot mit dreifüßigen Basen und steinernem Podest (?) auf dem Mosaik der Synagoge von Hammat Tiberias.

Kandelabra folgen klar hellenistischen Vorbildern: Angedeutet sind eine Basis mit drei geschwungenen Füßen und ein Schaft mit mittiger Verdickung und einem kelchartigen Kopfende. Leider ist das rechte Kandelabrum am oberen Rand des Steintischs stark abgestoßen und das linke schon oberhalb der Schaftmitte regelrecht abgesplittert, sodass man keine genauen Angaben darüber machen kann, was in der Darstellung auf die knospenförmige Halterung aufgesetzt war. Ein genauer Blick auf das linke Kandelabrum schließt jedoch nicht aus, dass es sich bei den Kandelabra um Menorot gehandelt haben könnte, die lediglich wegen des beschränkten Raumes am Rand des Tisches nicht wie üblich mit ausladenden Armen dargestellt wurden. Sowohl die Form des Fußes als auch des Schaftes entspricht jedenfalls genau dem, was man von Menorot kennt, die ja letztendlich nichts anderes waren als an der Spitze besonders ausgestaltete Kandelabra (vgl. etwa die Mosaiken von Hammat Tiberias oder Bet Alfa; Abb. 21). Träfe diese Deutung zu, dann wäre ein wichtiges Argument gewonnen, das auf eine ursprünglich liturgische Verwendung des Tisches im Kontext einer älteren Synagogenphase hindeutet.

Neben den Kandelabern schließen sich auf beiden Seiten am Übergang zur Zentralfläche ein nur schwer zu identifizierendes Objekt an (vielleicht eine Zitrone / Etrog, eine Traube oder ein Gefäß?), dann klar erkennbar jeweils eine Schnabelkanne mit nach außen weisendem Henkel. Derartige Kannen waren in der paganen wie jüdischen Welt weit verbreitet, nicht nur im Kult. Zwischen den beiden Kannen befinden sich zwei weitere Objekte, die – da sie zentral und nicht spiegelbildlich angebracht sind – möglicherweise als besonders zusammengehörig angesehen worden sind. Der linke Gegenstand scheint ein langstieliger Schöpflöffel (*simpulum*) zu sein, der rechte eine Vase mit faltig gearbeiteter Wand. Während die Vase deutlich jüdische Konnotationen hat, ist der Schöpflöffel vor allem mit dem paganen Priesterdienst verbunden (Abb. 22 a.b).

Sowohl zum Bildprogramm als auch zur Funktion des Steintisches sind derzeit detaillierte Untersuchungen im Gang, deren Ergebnisse in naher Zukunft vorgelegt werden. Bereits jetzt aber hat der «Horvat Kur-Stein» für großes Aufsehen gesorgt, ähnelt er doch einem bereits 2009 gefundenen Stück: dem aus Kalkstein gefertigten, nur unweit von Horvat Kur in der Synagoge von Migdal am Westufer des Sees Gennesaret gefundenen «Magdala-Stein». Dieser Stein wurde wohl in Originalposition im Zentrum der Synagoge gefunden, hat vier Füße und ist noch reicher verziert als der «Horvat Kur-Stein». Die Diskussion über die ursprüngliche Funktion des «Magdala-Steins» beginnt gerade und verläuft zur Zeit höchst kontrovers. Wurde der «Magdala-Stein» als Auflage für Thorarollen zum Vorlesen (also im Sinne eines Lesepults) benutzt, vor die man sich hinkniete? Oder diente er als Standfläche für ein erhöhtes Lektionar? Der neue Fund aus Horvat Kur zeigt zumindest, dass der «Magdala-Stein» nicht einzigartig war. Zu warnen ist freilich

Abb. 22 a.b
Zwei römische Münzen: a) *simpulum* mit Krug und weiteren Instrumenten des Augur; b) Priesterin mit *simpulum*.

davor, beide Steine lediglich als Varianten ein und desselben Objekttyps mit identischer Funktion zu sehen. Selbst wenn der «Magdala-Stein» als Lesepult gedient haben mag, könnte der «Horvat Kur-Stein» eine völlig andere Funktion gehabt haben, etwa als Tisch für Weihegaben oder als Postament für besonders hervorgehobene Gegenstände (vgl. die schwarzen Postamente, auf denen Menorot stehen, wie auf dem Mosaik von Hammat Tiberias zu sehen). In jedem Fall wirft der «Horvat Kur-Stein» willkommenes neues Licht auf die jüdische Synagogenausstattung während der römisch-byzantinischen Zeit.

Abb. 23
Eingang zur Zisterne.

Neue Perspektiven für die Galiläaforschung

Zusätzlich zum Synagogengebäude wurde während der Grabungskampagne 2012 auch eine Zisterne untersucht, die unmittelbar an Nordmauer der Synagoge anschließt (Abb. 23). In einem Suchschnitt durch das Sediment fand sich eine erstaunlich große Anzahl kompletter oder nahezu kompletter Krüge und Kochtöpfe der Zeit um 400 n. Chr., darunter einige Gefäßtypen, die unsere Kenntnis des lokalen Keramikrepertoirs deutlich erweitern (Abb. 24). Der Fund von Krügen und Kochtöpfen in Zisternen ist nicht außergewöhnlich: Auch anderenorts ist die Verwendung dieser Gefäßtypen zum Schöpfen von Wasser aus Zisternen belegt (vgl. etwa Meiron). Zudem werden derzeit systematische Sedimentproben durch Dr. Frank Neumann (Universität Münster) untersucht, um aufgrund von Pollenresten das örtliche Klima sowie die lokale Vegetation während der spätrömisch-byzantinischen Zeit zu rekonstruieren. Soweit im Moment erkennbar war die Landschaft um Horvat Kur durch Grasland geprägt, das ideal zur Schafzucht war (Textilproduktion?).

Die Funde von Horvat Kur werden nun eingehend analysiert und baldmöglichst der Forschungsgemeinschaft zugänglich gemacht. Nach Abschluss der archäologischen Untersuchungen in der Synagoge wird die Wohnbebauung und die Umgebung des Dorfes wieder ins Zentrum der Aktivitäten treten – weitere wichtige Schritte auf der Suche nach der galiläischen Landbevölkerung.

Ich danke meinen Kollegen Stefan Münger (Bern), Raimo Hakola (Helsinki), Byron McCane (Spartanburg, NC), Tine Rassalle (Leiden), Rick Bonnie (Leuven), Frank Neumann (Münster), Stefano De Luca (Magdala), Dina Avshalom-Gorni (Magdala), Mordechai Aviam (Kinneret College), Partick Wyssmann (Bern), Philip Bes (Leuven), Damian Kessi (Bern) und Yeshu Dray (Umm el-Qanatir) für wertvolle Hinweise.

Abb. 24
Kochtopf und Krug aus der Zisterne.

Adresse des Autors

Prof. Dr. Jürgen K. Zangenberg
Lehrstuhl Neutestamentliche Exegese und
frühchristliche Literatur
Professor für Archäologie
Universität Leiden
Institute for Religious Studies
Postbus 9515
NL-2300 RA Leiden

Bildnachweis

Abb. 11, 13, 21: J. K. Zangenberg; 22 a. b: Münzkabinett der Staatlichen Museen zu Berlin – SPK, 18204254 u.18220713; alle übrigen Abbildungen © Kinneret Regional Project.

Literatur

Zu Gadara siehe im Folgenden insbesondere die umfassende AR. Hachlili, The Menorah, the Ancient Seven-armed Candelabrum. Origin, Form and Significance (2001).

E. M. Meyers / J. F. Strange / C. L. Meyers, Excavations at Ancient Meiron, Upper Galilee, Israel 1971-72, 1974-75, 1977. Publications of the Meiron Excavation Project 3 (1981).

E. M. Meyers / M. A. Chancey, Archaeology of the Land of the Bible 3: Alexander to Constantine (2012).

S. Münger / J. Pakkala / J. Zangenberg, Tel Kinrot, Horvat Kur. Kinneret Regional Project –The 2008 Season, Hadashot Arqeologiot / Excavations and Surveys in Israel 121 (2009): http://www.hadashot-esi.org.il/report_detail_eng.asp?id=1080&mag_id=115

L. I. Levine, The Ancient Synagogue. The First Thousand Years, New Haven / London2 2000.

J. K. Zangenberg / S. Münger, Horbat Kur. Preliminary Report, Hadashot Arqeologiot / Excavations and Surveys in Israel 123 (2011): http://www.hadashot-esi.org.il/report_detail_eng.asp?id=1746&mag_id=118.

J. K. Zangenberg / S. Münger / R. Hakola / R. Bonnie, Horvat Kur. Kinneret Regional Project – The 2011 Season, im Druck für: Hadashot Arqeologiot / Excavations and Surveys in Israel 124 (2012): http://www.hadashot-esi.org.il.